Eugen Drewermann
Warum Krieg?
Oder: Vom größeren Gehorsam gegen Gott

Impressum
Eugen Drewermann
Warum Krieg? Oder: Vom
größeren Gehorsam gegen Gott

Satz: Elke Habicht
Layout: Andreas Klinkert
Druck und Bindung:
Westermann Druck Zwickau GmbH
Auflage: 1/2015
© Dezember 2015
Publik-Forum Verlagsgesellschaft mbH
Postfach 2010
61410 Oberursel
www. publik-forum.de

ISBN 978–3–88095–288–1

Eugen Drewermann

Warum Krieg?

Oder: Vom größeren Gehorsam gegen Gott

Vortrag im Publik-Forum-Zentrum während
des 35. Evangelischen Kirchentags 2015
in Stuttgart. Transkript des frei gehaltenen Vortrags
mit Korrekturen und Ergänzungen
des Autors

INHALT

Teil I: Vortrag

Teil II:

TEIL I

Vortrag

Meine sehr geehrten Damen und Herren,

ganz herzlich danke ich Herrn Kessler und Frau Frei für diese freundliche Einladung zum heutigen Nachmittag; Ihnen allen aber für das große Interesse an einem Thema, das bei einem Kirchentag wichtiger nicht sein könnte.

Die Botschaft Jesu und die »Wirklichkeit«

Wo, wenn nicht hier in Stuttgart, im Zentrum der militärischen Kontrolle der *Nato* über Gesamtafrika, wäre der Bundespräsident, Ex-Pastor Gauck, besser und verbindlicher zu befragen, wie er vermeint, den Spagat hinzubekommen zwischen seinen Äußerungen auf der sogenannten Sicherheitskonferenz von Herrn Ischinger in München, dass wir Deutsche militärische Verantwortung praktisch überall auf der Welt übernehmen müssten dank unserer Wirtschaftsstärke, und dem, was er in Theologie zu Weihnachten einmal als Predigt von der Friedensbotschaft Jesu wohl gelernt hat. Der Ausdruck des gesamten Wesens Jesu ist die Aussage der Engel über den Fluren von Bethlehem – ein wenig frei übersetzt, aber sachgerecht: »Herrlichkeit ist Gott in den Himmeln einzig dann, wenn Frieden ist auf Erden den Menschen, die Güte glauben können« (Lukas 2, 14).

Es ist diesen Worten zufolge zu Ende mit der üblichen politisch korrekten Schizophrenie von Max Weber, dass christlich gesonnen zu sein eine gute Sache bleibe, dass man aber politisch sich verantworten müsse, und wer da nicht begreife, dass oft aus bösen Taten gute Ergebnisse resultierten, umgekehrt aber aus guten Absichten und Taten längst nicht immer auch gute und gerechte Wirkungen sich zeitigten, der bleibe politisch ein Kind. Wer dieser Auffassung entsprechend denkt, wird den Politikern immer wieder erlauben, sich die Option des Krieges als Hintertüre für ihr Verhalten offen zu lassen, und solange dies so ist, umklammert die Kriegsbereitschaft, das permanente Training, zu töten, unsere Kultur wie ein Krake. Kein wirklicher kultureller Fortschritt ist möglich, solange dieser Zustand dauert und sich wie selbstverständlich gibt.

Wir erleben in unseren Tagen, dass auf Weisung von Frau Merkel die Verteidigungs- oder besser Kriegsministerin Frau von der Leyen bereits 8000 Mal Offiziere in die deutschen Schulen geschickt hat, um den 16- bis 18-Jährigen beizubringen, wie die Bundeswehr in der Mitte der Gesellschaft ankomme. Auf mindestens zwanzig Prozent soll die weibliche Beteiligung am Wehrdienst ansteigen, und versichert wird den Heranwachsenden, dass bei guter Bezahlung Kriegsdienst so viel sei wie jeder andere bürgerliche Beruf – mit hohen

Karrierechancen, qualifizierter Ausbildung, geregelter Arbeitszeit –, familienfreundlich halt.

Wo, wenn nicht auf einem Kirchentag, im Gedenken daran, was einmal über den Fluren von Bethlehem aus dem Munde von Engeln verpflichtend als die Botschaft Jesu zu glauben war, soll man dem entgegenhalten, dass Menschen zu töten für Geld nicht einmal vergleichbar ist mit dem Schlachten von Tieren in der Fabrik am Stadtrande oder mit dem Zerlegen ganzer Wälder für die Holzindustrie! Das Töten von Menschen ist weder eine Pflicht noch ein Recht von Menschen; es ist unmenschlich und wird von den Beteiligten auch so empfunden. – Allein die US-Army in ihren Kriegseinsätzen in Afghanistan und im Irak zählt derzeit bis zu 200 000 an posttraumatischem »stress disorder« Erkrankten. Es ist psychisch schwer verträglich, Menschen umzubringen. Und soll nun dies, Frau von der Leyen, die Lösung sein in spätestens ein, zwei Jahren, dass wir mit Distanzwaffen in 10 000 Kilometern Entfernung gezielt morden können, mit Drohnen, wie sie Obama bereits mehr als 3000 Mal hat einsetzen lassen, selber vollkommen sicher in der eigenen Haut, die auszulöschenden Menschen aber als zu zerstörende Zielscheiben auf dem Bildschirm? Sollen wir uns vorstellen, dass da die Bundeswehr-Mutter ihr Söhnchen auf dem Schoß hält und ihm beibringt, wie er selber in 15 Jahren noch effizienter töten kann? Soll dies die Zukunft werden?

Es erklärte gestern noch Frau Merkel dem ägyptischen Präsidenten As-Sisi, dass wir der Auffassung sind, nicht einmal im Krieg gegen den Terror sei die Todesstrafe zu rechtfertigen. Warum aber werden dann über Ramstein, hier in Deutschland, sämtliche Drohnenangriffe zum gezielten Morden geflogen? Nicht einmal die Exekution einer Todesstrafe nach ergangenem Urteil ist das, es ist ein außergerichtliches Morden, weltweit, auf bloße Vermutung hin, es gilt als präventive Notwehr im besten Fall, abgedeckt allein mit dem Hegemonialanspruch der USA, sich selber Gesetz zu sein und niemandes Maßstab sonst akzeptieren zu müssen.

In dieser Art des Fragens und des Anklagens könnten wir heute Nachmittag fortfahren, und der Protest gegen den Krieg wäre hier im Saal vermutlich oder sogar hoffentlich einhellig. Wir bewegten uns aber dabei ganz und gar auf der politischen Ebene und deshalb immer noch in dem System, in dem das, was wir staatliche Verwaltung nennen, seine Heimat hat; wir drehen uns weiter im Teufelskreis militärpolitischer und machtpolitischer Gewohnheiten und stillschweigender Selbstverständlichkeiten: Ein Staatsbürger muss bereitstehen, den Staat und seine Interessen notfalls auch mit Waffengewalt zu verteidigen; alles andere gilt als gefährliche Utopie. Wie aber, im Sinne der Botschaft der Engel gefragt, der Pazifismus wäre die einzige zu verantwortende realpolitische Option?

»Warum Krieg?«, fragte Albert Einstein um 1915 Sigmund Freud, und dessen lakonische Antwort lautete sinngemäß: »Es zeigt sich, Albert Einstein, jetzt, was man wohl auch schon vor dem Kriege hätte wissen können: dass der Staat Mord, Gewalt, Vergewaltigung, Ausbeutung, Lüge und Betrug, Sadismus in jeder Form nicht bekämpft, um derlei Verbrechen aus der Welt zu bringen, sondern um darauf ein Monopol zu erheben wie auf den Import von Zucker oder Tabak. Das Gewaltmonopol des Staates führt dahin, dass er, der Staat, alle die Dinge befehlen kann und befehlen darf, die dem einfachen Bürger auf eigene Faust hin niemals gestattet würden. Also dass das Ergebnis lautet, dass wir, die Bürger, sehr viel zivilisierter sind als diejenigen, die meinen, uns mit den Mitteln des Krieges beschützen und verteidigen zu sollen.«

Dieser Feststellung kann man nur zustimmen. Vor allem im Namen Jesu aber müssten wir jetzt sagen: Nicht so mit uns! Diese Art des politischen Handelns angeblich zu unserer Verteidigung dulden wir gerade als Staatsbürger nicht länger, weil sie dahin führt, über Leichen gehen zu sollen als dem vermeintlich einzig vertretbaren Weg, die Zukunft der westlichen Wertegemeinschaft – oder wie immer es geheißen wird – zu erringen. Wir wollen das nicht. Denn menschliche Werte verteidigt man nicht, man zerstört sie, wenn man die unmenschlichsten Mittel und Waffensysteme einsetzt, um auf den Schlachtfeldern des Krieges als Sieger, das heißt als der effizienteste Mörder und Schlächter, sich hervorzutun.

Was demgegenüber im 2. Kapitel des Lukas gemeint ist als Wesensporträt des Mannes von Nazareth, ist einfach dies: dass alles Reden von Gott, dass alle Gebete des Lobpreises, alle Kirchenlieder heute vollkommen umsonst sind, ohne den unbedingten Ernst in den Frieden zu setzen. Er ist die einzige Möglichkeit, sich als Mensch inmitten dieser Welt zu bewahren.

Die Anliegen, in denen der Mythos von der Geburt Jesu in Bethlehem sich artikuliert, reichen dabei hinüber in die griechische Heilsreligion des Asklepios, denn so sollte man die Botschaft Jesu wesentlich verstehen: nicht als ein moralisches Programm, sondern als ein therapeutisches Verfahren, inmitten einer Welt von Gewalt und Angst die menschliche Seele so zu berühren, dass der Albtraum von Bedrohung und Rache aus den Nächten und den Tagen weicht.

Das Problem:
Die Geschichte von Kain und Abel

Die Aufgabe in unserer Welt, biblisch gesprochen einer Welt von Kain und Abel, ist keine geringere, als den Mörder seines Bruders zu erlösen von sich selber.

Sie kennen die Geschichte im 4. Kapitel des 1. Buches Moses. John Steinbeck in seinem großen Roman »Jenseits von Eden« hat sie auf seine Weise nacherzählt als die Geschichte eines jeden von uns; bei ihm geht sie so:

Kaleb, der Sohn eines gläubigen Presbyterianers, leidet darunter, dass sein Bruder Aron ihm spürbar vorgezogen wird. Der Vater hat ihn lieber als ihn, den ungeschickten und unbeholfenen Kaleb. Nun aber ist der Vater in finanzielle Not geraten, und Kaleb erfährt von einem Farmer, dass beim Ausbruch des Krieges in Europa die Bohnenpreise zur Unterstützung der kämpfenden Truppen mit Proviant drastisch ansteigen werden, und so sieht er darin seine Chance. Er pachtet ein Landstück, pflanzt darauf Bohnen, und am Geburtstag seines Vaters ist es so weit: In dem Film von Elia Kazan sehen Sie James Dean in der Rolle des Kaleb mit einem Bündel von Dollarscheinen die marmornen Stufen zum Haus des Alten emporklettern, als er aus dem Inneren des Hauses die Stimme seines Vaters vernimmt: »Aron, du hast mir das schönste aller möglichen Geschenke gemacht«, denn Aron hat an diesem Tage seine Verlobung kundgetan. Kaleb blättert die Dollarnoten auf den Tisch, und der Vater fragt erstaunt, woher sie kommen, und Kaleb erzählt nicht ohne Stolz den Deal mit den Bohnenpreisen. Dieser Mann aber – unbescholten, rein und fromm – erklärt streng seinem Sohn: »Mit dem Geld von Tausenden Gefallenen in Europa, Kaleb, macht man keine Geschäfte. Ich kann das Geld nicht annehmen.«

Am Abend dieses Tages wird es sein, dass Kaleb seinen Bruder Aron über die Berge nach Salinas mitnehmen wird, um ihm das Bordell zu zeigen, in welchem die eigene Mutter als Chefin arbeitet. Sie hat es vor Jahren schon bei diesem Reinheitsidol moralischer Korrektheit nicht ausgehalten.

Aron, erschüttert, wird sich freiwillig zum Krieg melden. Am Ende der Erzählung aber liegt Kalebs Vater, nach einem Schlaganfall gelähmt, auf den Tod, und der Junge möchte ihn dringend sprechen. Die Krankenschwester will's ihm untersagen,– die Aufregung dürfe nicht riskiert werden. Nur der Arzt erklärt: »Kaleb muss mit ihm reden, sonst wird er nie erwachsen.« Man sieht, wie Kaleb sich beugt über die bebenden Lippen seines sterbenden Vaters; er möchte etwas sagen, aber was sagt er? Es ist nicht vernehmbar.

Was John Steinbeck beschreibt, genauso wie das 4. Kapitel der Genesis, ist ebendies: Wir sind hineingeschleudert in eine Welt, in der ein jeder auf seine Weise dringlich sucht nach so etwas wie Zuwendung und Halt und Liebe und Gemochtsein ohne Bedingungen. Stets aber ist er verunsichert von dem Bruder neben ihm, der scheinbar ungerechterweise von Natur schon oder durch die Umstände bevorzugt ist und immer wieder zwischen das Licht der Sonne und uns selber schattenwerfend tritt.

Konkurrenz auf Leben und Tod – das macht Menschen, die eigentlich nur darauf warten, miteinander sein zu dürfen, in aufgestauter Wut schließlich zu Mördern wider Willen.

Es ist unsere Situation bis zum Auftreten des Mannes aus Nazareth, unter einem Himmel zu leben, dessen Zuwendung stets zweifelhaft bleibt, immer abhängig von moralischem Wohlverhalten, von der Normenkorrektheit, der leistungsabhängigen Belobigung, nie fundamental, nie so, wie gebraucht: unzweideutig, nichtambivalent, total. Nur dann aber hört unsere Seele auf, sich in die Gegensätze eines moralischen Wollens und gegengerichteten Mögens und Müssens zu spalten, indem sie das vermeintlich Böse, die unwiderstehliche Neigung, den im Konkurrenzvergleich Überlegenen aus dem Weg zu schaffen, in sich selber kontrollieren muss, während sie ohne Unterlass sich weiter umschaut nach links und nach rechts zu den Menschen, die am bedrohlichsten sind, weil sie als Bevorzugte uns am nächsten stehen und uns damit die eigene Minderwertigkeit am intensivsten bewusst machen. Es macht die ganze Tragödie der menschlichen Existenz wie der menschlichen Geschichte aus, wie die Erzählung von Kain und Abel sie schildert: Kain *will* Abel nicht töten, er will lediglich für seine Opfergaben von Gott genauso anerkannt werden wie sein Bruder, den er im Licht dastehen sieht, während er sich selbst verachtet fühlt; er kann nicht leben mit dem Empfinden, von Gott, von seinem Schöpfer, in den Wurzeln seines Daseins abgelehnt zu sein. Den Grund dafür sieht er in Abel – wenn es den nicht gäbe, wäre scheinbar alles gut. Es ist allem Anschein nach Abel, der ihm die Berechtigung zum Leben raubt. Deshalb bringt er ihn um.

Und nun meint diese Erzählung: Immer ist die Moral zu schwach, einen solchen Konflikt zu lösen. Fatalerweise vernimmt Kain jenseits von Eden, vertrieben vom »Ort« eines basalen Angenommenseins, aus dem Munde Gottes nur die Mahnung, er solle das Böse, die Sünde vor dem Eingang seines Herzens, beherrschen; doch eben das kann er nicht. Er brauchte ein ganz anderes. Er brauchte die Worte, die Kalebs Vater eigentlich seinem Sohn hätte sagen mögen, doch die nicht mehr zu hören waren.

Theologen haben oft gemeint, Gott habe Kains Opfer nicht angesehen, weil dieser keine rechte Gesinnung gehabt habe – wer seinen Bruder umbringt, müsse halt ein böser Mensch sein. Doch was die Bibel berichtet, ist etwas Anderes, Unheimlicheres, Abgründigeres: Kain ist kein Mörder, er wird zum Mörder, weil er die ganz normale Ungerechtigkeit der Natur, die relativ ungerechte Chancenverteilung unter den Menschen mit der absoluten Frage nach seiner eigenen Berechtigung verknüpft. Steinbeck hat recht: Es ist unser aller Problem! Der ältere Bruder beneidet den jüngeren, weil die Mutter sich ihm anscheinend mehr zuwendet; die jüngere Schwester beneidet ihre ältere Schwester, weil sie offenbar schöner, größer, klüger ist und die Aufmerksamkeit aller auf sich lenkt. Wie lässt sich diese Konkurrenz auf Leben und Tod im Untergrund unseres Daseins überwinden? Das ist die existenzielle und psychologische Kernfrage bei dem Problem von Krieg und Frieden.

Was im Pendant dazu im Neuen Testament steht, ist zentral der Versuch einer Lösung dieses Konflikts. Was der Gott der Schöpfung Kain nicht sagt, bringt Jesus zur Versöhnung der Menschen als die Botschaft seines »Vaters« zur Sprache. »Ist es denn wahr, dass du weniger wert wärest in meinen Augen als dein Bruder Abel?«, scheint er zu sagen oder vielmehr als Infragestellung der scheinbar fraglosen Normalität zu vermitteln. »Wenn ich wollte, du wärest wie er, hätte ich gleich einen zweiten Abel erschaffen können. Ich möchte aber dich, so wie du bist. Deshalb solltest du auf mich schauen und nicht auf die Menschen neben dir. Solange du dich nach ihnen misst, wirst du immer Überlegene oder Unterlegene finden. Doch sie sind nicht dein Maßstab. Du musst nicht wie die anderen sein, du darfst du selber sein.«

In solchen Worten lässt sich, was Jesus jedem sagen möchte, wiedergeben.

Ein Friede jenseits der Moral: Gnade gegen Konkurrenz

Es ist indessen gerade in diesem Zusammenhang der Kern der ganzen Botschaft Jesu: Gott lasse seine Sonne aufgehen über Gerechte und Ungerechte, über Gute und Böse, und es gelte, niemanden zu verurteilen.

Es ist für einen Evangelischen Kirchentag sehr wichtig zu sagen, dass dies die Wiederentdeckung der Art Jesu, mit Menschen zu verfahren, bedeutet, insbesondere in der Auslegung des Paulus, wiedergefunden in der Rechtfertigungslehre des Reformators Martin Luther. Der Kerngedanke von allem, was wir als »christlich« bezeichnen, besteht in der festen Erfahrung und Überzeugung: Menschen können nicht einfach gut sein, weil sie wollen, weil man es ihnen verordnet, weil man es zum Diktat macht, weil man Gesetze mit Strafe bewehrt über sie verhängt; sie können nur gut sein, wenn sie mit sich zusammen-wachsen im Vertrauen auf eine Liebe, die sie ganz und gar meint. Denn nur so können Menschen zu sich selbst finden; und nur wer sich selbst als berechtigt fühlt, kann sich an das Recht halten; wer die Welt als ungerecht empfindet, der wird sie bekämpfen. Es ist daher nicht möglich, mit Verurteilungen und Schuldzuweisungen weiterzukommen. Es gilt vielmehr, die Gründe zu verstehen, die aus gutwilligen, opferbereiten Menschen Mörder machen können, wie Kain.

Zu vermeiden ist deshalb die moralische Zweiteilung der Menschheit: hier die Guten (also meist: wir selber) und da die Bösen (also meist: unsere Gegner). Solange wir Menschen mit moralischen Kategorien bewerten und ausgrenzen, schreiben wir die in unseren Augen Verkehrten fest, statt sie zu verstehen, und sperren wir sie weg, statt sie aufzunehmen. Es gilt vielmehr, gerade die Abgründe im Menschen: das Gefühl seiner Negiertheit und das Geflecht der sich daraus ergebenden Verneinungen, bewusst zu machen und durchzuarbeiten.

Ebendas ist es, was Jesus im Neuen Testament versucht: den Verlorenen und Verlaufenen nachzugehen und seine Hand auszustrecken über alle Zäune. Der Himmel hat für ihn keine Grenzen, so wenig wie für die Wolken und die Vögel. Die Aussperrung von Menschen, womöglich religiös begründet, ist seiner Meinung nach ein Missverständnis in allem – auch ein Missverständnis der Rolle seines eigenen, des auserwählten Volkes, wenn es sich seinem eigentlichen Auftrag in den Weg stellen würde, der Menschheit zu zeigen, was Menschlichkeit ist. Das war der Glaube des Jesus aus Nazareth: die Überwindung der Gewalt im Herzen jedes Einzelnen – schon das wäre unendlich viel! – Doch es ist erst der Anfang.

Daraus geboren nämlich würde zugleich ein Modell, das auch auf der gesellschaftlichen und politischen Ebene ein Denken in Konkurrenzbegriffen wie: größer, reicher, stärker, mächtiger, verhindern könnte. Im Grunde leben wir in jener Kain-und-Abel-Welt der permanenten und allumfassenden frontalen oder lateralen Konkurrenz, der wechselseitigen Vernichtung, und wir sind mittlerweile sogar dabei, die in unserer heutigen global konkurrierenden Wirtschaft geltenden Gesetze des Neoliberalismus schon in die Seele unserer heranwachsenden Kinder zu legen.

»Mein lieber Junge, mein liebes Mädchen«, werden wir sagen, »du musst halt fleißig sein, es wird dir nichts geschenkt. Nur wenn du gute Noten bekommst, wirst du eines Tages einen Studienplatz haben, und wenn du da nicht fleißig lernst, wirst du keinen Arbeitsplatz haben, und nur wenn du auf dem Arbeitsplatz ganz fleißig bist, wirst du deine Rente sichern können.« – Wir sagen freilich nicht dabei: »Am Ende bist du 67 Jahre alt und hast nie begriffen, was es heißt zu leben. Gestohlen hat man dir alles in deinem Leben in der permanenten Angst, als unnütz, unbrauchbar und überflüssig zu gelten.« – Stattdessen sagen wir: »Aber so ist es: Schon vor der Tür scharren sie um den Posten, den du dir gerade erkämpft hast, mit denselben Methoden, mit denen du dich durchgesetzt hast.«

Wie aber, frage ich, soll auf dieser Erde jemals Friede sein, wenn wir die ganze Welt mit einem Wirtschaftskrieg zugunsten der Mächtigsten und Reichsten überziehen? Wir können nicht die aggressivste Wirtschaftsform, die denkbar ist, in Gestalt des Kapitalismus zum Standardmodell der Mikro- und Makroökonomie an allen Hochschulen erheben und dann als Resultat Gerechtigkeit, Wohlstand und ein Ende der Widersprüche unter den Menschen erwarten. Auch in diesem Punkte ist die Botschaft Jesu eindeutig, wenn er davor warnt, den Drang nach Geldbesitz und den Zwang zur Geldvermehrung als einen Ersatzgott absolut zu setzen. »Ihr könnt nicht Gott dienen und dem Mammon«, sagt er (Matthäus 6, 24). Wir müssen uns entscheiden. Inmitten einer politischen Logik, in der die Vermehrung der Kapitalrendite zum erklärten Hauptziel aller gesellschaftlichen und privaten Aktivitäten wird, ist Friede ein Fremdwort. Der

Raubtierkapitalismus muss die ganze Welt verschlingen, sei es durch Schuldversklavung oder Krieg; er kann vorher nicht Ruhe geben. Er ist in sich die ständige Gewalt.

Nehmen wir als Beispiel zum Beleg dieser Aussage nur die unendliche Barbarei zur Sicherung des Industriestandortes Deutschland, – Frau Merkel im Wortlaut: »Noch haben wir einen Wissensvorsprung, und den müssen wir durch Ausbildung der heranwachsenden Generation stabilisieren und ausdehnen.« Als wären Chinesen und Inder von Natur aus geistig beschränkter als wir Deutschen und als könnte man als Physikerin je vergessen, dass alle Gesetze der Naturwissenschaft, die wir gedenken technisch zu nutzen, eingeschrieben sind in die Sprache des Universums, sodass von ihnen Galilei noch im 17. Jahrhundert meinte, sie seien die Sprache Gottes selber. Merkt Frau Merkel nicht selbst, was sie da redet? Wie kann man eine Wahrheit, die im ganzen Universum repräsentiert ist, fraktionieren als Kampfwaffe zum Sich-Durchsetzen im Wirtschaftsraum! Und wie kann man am Ende die Länder, die bei all dem schon im Euroraum nicht mitkommen: Südeuropa, Griechenland, in der Pose des Gewinners für abgehängt erklären, indem man ihnen gerade noch in ständigen Neuverschuldungen die Geldmittel gibt, mit denen sie die Altschulden beim IWF, dem amerikanischen

Dressurinstrument für die gesamte an Schulden leidende Dritte Welt, zurückzuzahlen haben – ein Kreislauf ohne Ende mit einer Dauerverschuldung auf mindestens fünfzig Jahre hin! Das also soll die Freiheit Griechenlands werden! – Es ist ganz einfach die Welt von Kain und Abel ins Wirtschaftliche transponiert.

Inzwischen bedroht man beispielsweise Griechenland damit, dass es sein gesamtes Staatseigentum zum Billigpreis verramschen muss, um den internationalen Geldgebern die Schulden zurückzuzahlen; jetzt also steht's zum Ausverkauf: Häfen, Flughäfen, Strände, Inseln, Wasserwerke, Energieversorgung – was Sie wollen, ein ganzes Volk in Schuldknechtschaft. Im Gesetz des Moses war vorgesehen, nach sieben Jahren einem Zahlungsunfähigen die gesamten Schulden zu erlassen; ein solcher Schuldenschnitt allein böte die Chance zu einem wirklichen Neuanfang, er böte Freiheit, doch genau deshalb darf es ein solches *Bail-out* nicht geben. Es ist die übliche Bankenpraktik: Es werden Kredite vergeben, schon um an den Zinsen zu verdienen, und wenn der Debitor nicht fristgerecht bezahlen kann, wird man ihn pfänden, um noch weit mehr Profit zu machen.

Freilich, um von einem Denken in den Kreisläufen der Gewinnmaximierung Abschied zu nehmen, müssen wir einen Begriff ändern, der in allen Geschichtsbüchern und Zeitungen wie selbstverständlich geführt wird: den Begriff der Größe. Auch dafür ein Beispiel.

Gegen den falschen Begriff von Größe

Im Jahre 1943 stellte die Jüdin Simone Weil sich die Frage, wie Hitler möglich sei. (Nebenbei gesagt, wir lernen seit der zweiten Hälfte des 20. Jahrhunderts immer wieder das Mantra aller Realpolitik: gegen Hitler Krieg. Nur Krieg konnte Deutschland vermeintlich befreien von Hitler, und so haben wir Hitler verinnerlicht: Wir kämpfen in der ganzen zweiten Hälfte des 20. Jahrhunderts immer nur noch gegen Hitler. Ho Chi Minh: Hitler; Saddam Hussein: Hitler; Milosevic: Hitler. Was Sie wollen: Hitler. Er ist das absolut Böse. Und da ist jedes Mittel recht. Also immer wieder: Krieg!) Die Frage stellte sich bereits damals indessen Simone Weil: nicht, wie man Hitler umbringt, sondern, wie denn Hitler möglich wurde. – Sie sehen vor sich in Braunau am Inn in den Armen seiner Mutter den kleinen Adolf mit großen Augen. Und Sie werden ihn müssen liebhaben wie jedes Kind, das Sie so anschaut.

Simone Weil – in einer Zeit, da Großdeutschland bis zur Wolga reichte und bis zum Atlantik – fragte sich, wie ein solches Kind auf den Armen seiner Mutter verwandelt werden konnte in ein solches Monstrum in der Reichskanzlei und in der Wolfsschanze. Und ihre Antwort lautete: Wir verwenden einen falschen Begriff der Größe.

Beglaubigt ist, dass Hitler schon mit zehn Jahren Bücher las über die Großen im antiken Rom: Crassus zum Beispiel war groß; er war der reichste Mann. Er bekämpfte den Sklavenführer Spartakus, er ließ die Via Appia flankieren von den Kreuzen, auf die die Aufrührer in seinem Namen genagelt waren. Groß! Crassus! Er starb beim Eintreiben von neuen Geldquellen im Krieg gegen die Parther. Also doch: Groß!

Simone Weil meinte demgegenüber, wenn *das* groß heiße, sei Hitler offenbar ein verführtes Kind gewesen, indem er übersteigert lediglich das zu tun versucht habe, was sie alle probierten, die Großen in der Geschichte: Alexander – groß, weil er von Mazedonien bis zum Indus die Welt aufgerollt hat wie einen blutigen Teppich! Erst da traten indische Philosophen ihm entgegen und fragten, ob es in Mazedonien nicht Wasser und Brot genügend gebe, dass er dafür kommen müsse mit Zehntausenden von Soldaten zum Indus wie ein notleidender Flüchtling. Und sie zeigten ihm den Unfug all seiner Großmachtsträume auf, indem sie ihm zwei mal zwei Meter im Quadrat eine Ochsenhaut zu Füßen legten und ihn aufforderten, er solle sie unter seine Füße kontrollierend treten. Der große Alexander probierte es an der einen Stelle, und knarrend erhob sich die Ochsenhaut an einer anderen Stelle. Er trat auf diese Stelle, da erhob sich eine andere. Nicht war es Alexander möglich, auch nur zwei mal zwei Quadratmeter Ochsenhaut unter seinen Füßen zur Ruhe zu bringen, aber die ganze Welt musste er beherrschen.

Wenn es in jedem Geschichtsbuch steht, dass Leute wie diese groß sind: Alexander, göttlicher Abkunft vielleicht; Cäsar, vergöttlicht spätestens in seinem Tode – ein Mann, der, um die Macht in Rom zu erringen, 1,5 Millionen Gallier hinschlachtete –, ist dann nicht auch Napoleon groß? Und was wäre, wenn Hitler seinen Krieg gewonnen hätte? Wäre er dann nicht der Allergrößte?

Der russische Dichter Fjodor M. Dostojewski konnte in den sechziger Jahren des 19. Jahrhunderts diese Frage in Gestalt seines Studenten Rodion Raskolnikow verdichten, der an dem Wunsch- und Albtraum der vermeintlichen Idealgestalt des Napoleon bis hin zu Krankheit, Wahnsinn und Verbrechen leidet. Wie vermeidet man als Mensch, nur eine Kakerlake zu sein, die man niedertritt, grübelt Raskolnikow. Die wirklich Großen, selbst wenn sie eine ganze Armee beim Übergang über die eiskalten Flüsse Russlands in den Tod schicken – werden sie nicht ungerührt einen Toast aussprechen auf die untergegangene Armee? So sind sie, die in der Geschichte Großen – ohne

Skrupel bereit zu töten, stark. Also muss in seiner Dachstube Rodion Raskolnikow ergrübeln, wie man Menschen tötet und eiskalte Nerven dabei behält, wie man mit anderen Worten groß wird im Krieg, im Krieg des Privaten wie des Öffentlichen, um sich vor dem Forum des geschichtlichen Urteils der Menschheit zu beglaubigen. Für den, der eine solche Frage sich stellt, geht es um Sein oder Nichtsein, um alles. Doch damit ist zugleich klar: Inmitten einer gnadenlosen Welt regiert die Grausamkeit; jenseits von Eden, in dem Gefühl der Gottverlassenheit, muss der Mensch selber, biblisch gesprochen, sich zum Gott entwerfen: Nur in der Pose selbst geschaffener Größe ist er sich erträglich. Er entwirft sich dadurch aber selbst zum Unmenschen, zum Gegenmenschen; er folgt damit einer Geistigkeit, die Gott am meisten widerspricht – dem »Teufel« in der mythischen Sprache der Bibel.

Die entsprechende Erzählung davon findet sich im 4. Kapitel des Lukas (Verse 5-8): Der Teufel kommt und verführt Jesus, alle Macht der Welt in Händen halten zu können; er müsse nur eines tun: niederfallen vor dem Versucher, um ihn anzubeten. – Klarer als durch diese Episode kann das Neue Testament nicht sagen, was es davon hält, Weltmachtgelüsten nachzujagen. Da fragt sich jemand, wie die Welt zu befrieden sei, und gemäß dem Ideal der Größe kann sich ihm nur die Idee des Augustus: die Idee der Pax Romana (oder der Pax Americana) nahelegen. Er muss die ganze Welt unter die Stiefel seiner Legionen treten, nur dann, glaubt er, kann er über die Niedergeworfenen in Frieden regieren. Doch schon um auf diese Weise an die Macht zu kommen, muss man über Leichen gehen, man muss den Teufel anbeten, und die Friedenstaube wird nie kommen.

So zentral ist diese Botschaft, dass es wie ein Vermächtnis ist, wenn Sie im 22. Kapitel bei Lukas (Verse 24-26) lesen, dass Jesus im Abendmahlssaal, gerade beim Abschied und im Gang zu seinem Tode, mitanhört, wie die Jünger darüber diskutieren, wer von ihnen der Größte sein soll. Und er, sprechend etwa wie es parallel bei Markus (10, 42-45) überliefert wird, antwortet: »Die Herrschenden der Völker sitzen auf ihren Thronen und willküren herab auf ihre Untertanen und lassen sich dafür sogar noch Wohltäter nennen. Bei euch soll das nicht so sein; sondern: wer unter euch groß sein will« – frei wiedergegeben –, »der beuge sich hernieder zu demjenigen, der am tiefsten herabgedrückt ist in den Staub der Erde, um sich zu fragen, wie er ihn aufrichten und ihm helfen könnte. Einzig dies wäre groß unter den Menschen.«

Solche Worte vernehmend aber schauen Sie sich nun um. Die Vereinigten Staaten von Amerika, *God's*

Own Country, geben alleine 600 Milliarden Dollar jedes Jahr nur für Rüstung aus. Die Nato, die ärgste Angriffsarmee in der gesamten bisherigen Geschichte der Menschheit, bringt zusätzlich 300 Milliarden Euro für die permanente Fähigkeit zum Krieg auf – gemeinsam mehr als die Hälfte der gesamten restlichen Staaten der Erde. So etwas gilt unverändert für groß: eine Tötungsmaximierung bis hin zu Napalmbomben und Clusterbomben, bis hin zu Uran-Spaltbomben, bis hin zu Wasserstoffbomben, bis hin zu Neutronenbomben. Und wir, ein souveräner Staat, die Bundesrepublik, bekommen nicht einmal die Atomwaffen unseres vermeintlichen Verbündeten USA vom deutschen Boden entfernt! Westerwelle wollte das als eine seiner ersten Amtshandlungen einleiten, als er Außenminister wurde, doch alsbald ward er zurückgepfiffen von Frau Merkel. Wir ducken uns demütig vor der einzigen verbliebenen Weltmacht im Zustand eines Koloniallandes, in dem Amerika noch immer und schon wieder sein Glacis zum Aufmarsch gegen Russland sieht. Das war seit 1948 so, und das soll so bleiben in einem Staatsgebilde, von dem Martin Niemöller einmal im Widerstand gegen die Wiederbewaffnung der BRD 1955 sagte, es sei ein Kind, gezeugt in Washington und getauft im Vatikan. – Solche Kirchenpräsidenten hatte einmal die Evangelische Kirche in Deutschland!

Also jetzt: Atomwaffen – groß! Wer wagt da noch zu sagen, dass allein schon die Bereitstellung von Atomwaffen identisch sei mit dem Gemeinsten und dem Niedrigsten, was unter Menschen sich finden könnte: Massenmord in Vorbereitung auf Befehl! Doch das und nichts anderes ist es. Ein Gipfel von Angst- und Machtgelüsten ist es, gar nichts weiter. Von Größe keine Spur.

Der Einzug in Jerusalem: Abrüsten zum Frieden

Wie Jesus zu diesem Thema dachte, können Sie des Weiteren in einer Zeichenhandlung miterleben, im 11. Kapitel bei Markus (Verse 1-11). Die Bedeutung dieser Szene ist eindeutig: Man erwartet, dass er Einzug hält in die heilige Stadt Jerusalem mit dem Anspruch messianischer Titel und der Einlösung messianischer Hoffnungen. Er aber reitet ein, wie Sie wissen und am Palmsonntag rituell feiern, auf dem Rücken einer Eselin – »sanftmütig« steht in den meisten Übersetzungen da oder »demütig« auch. Gemeint ist aber in dieser Stelle die Wiederaufführung einer Weissagung aus dem 9. Kapitel des Buches Sacharja (Verse 9-12): Wenn im Namen Gottes ein wirklicher Retter oder Erlöser, ein Heiland oder Messias, eine wirklich große Gestalt zum Segen der Menschen kommen würde, so Sacharja, dann werde ein solcher als Allererstes die Kriegswagen verbrennen und die Bogen zerbrechen. Einseitige Abrüstung also wird seine erste Handlung sein als wichtigste Friedensmaßnahme, als Bedingung jedes Friedens. – Mit einem Wort: Der Frieden kommt nicht aus der Maximierung der Drohungen, er kommt nicht aus einer ständigen Erhöhung der Tötungskapazität, er kommt einzig durch Angstabbau, indem dem bisherigen vermeintlichen Gegner signalisiert wird, dass von uns selber keine Gefahr mehr ausgehen wird. Die Schockwelle, die das auslöst, verheißt Sacharja, wird sofort an den Rändern spürbar werden: Auch Ephraim, das Nachbarland, wird abrüsten, finge nur einmal von den Mächtigen jemand damit an, seinen Militärhaushalt zusammenzustreichen und einseitig Maßnahmen zur Abrüstung zu ergreifen. Ein solcher wäre nicht »demütig«, er machte sich wehrlos; er träte ganz einfach in die Reihe derer ein, von denen Jesus am Anfang der Bergpredigt erklärt, sie allein brächten Frieden auf die Erde (Matthäus 5, 5-9). Augenblicklich wären wir im Sinne Jesu entsprechend dem Bild seines Einzugs in Jerusalem dem Frieden zum Greifen nah.

Gesinnung als Verantwortung

Sie können an dieser Stelle natürlich noch sagen, wie üblich, das sei alles Utopie, das sei eben nur eine Haltung der Gesinnung und nicht der Verantwortung. So schreiben tatsächlich denn auch unisono alle Mainstream-Medien der Republik. Doch weit gefehlt. Die Gesinnung des Friedens, wenn sie sich durchsetzt in der Praxis, ist das einzig auf Dauer Verantwortbare. Ein Krieg ist immer unverantwortlich.

Man muss sich das nur einmal klarmachen: 1989, beim Zusammenbruch des Warschauer Pakts und des Sowjetimperiums, war es das Angebot Gorbatschows – eine unerhörte Chance, die sich geschichtlich bot –, allgemein abzurüsten, das heißt, die Nato gleich mit aufzulösen und Gesamteuropa vom Ural bis zum Atlantik in eine entwaffnete demilitarisierte Zone zu verwandeln. Stellen Sie sich vor, wir hätten die letzten 25 Jahre dazu genutzt, jedes Jahr die 35 Milliarden Euro nur für Rüstung zu investieren in die Aufgaben, die dringend gelöst werden müssen zur Vermeidung von Kriegen, zur Vermeidung von Hungerkatastrophen, zur Vermeidung von sozialem Elend, das derzeit über das Mittelmeer zu Tausenden und Millionen nach Europa brandet!

Wir aber setzen alles daran, dass diese Leute möglichst vor den Grenzen schon aufgebracht werden mit dem paramilitärischen *Frontex*-System, *Frontière ex-terieur*: Man zerstört den Flüchtlingen die Boote, damit sie gar nicht erst von Afrika wegkommen, man paktiert mit As-Sisi in Ägypten – Libyen haben Frankreich, die USA und das United Kingdom als einen funktionierenden Staat inzwischen zertrümmert, sodass da keine Auffang-KZs mehr einzurichten sind, wie Herr Schily sich das schon vor Jahren dachte, damals, als Gaddafi noch regierte. Rüstung, Waffenexporte und Krieg – sie sind die Hauptursachen des Flüchtlingselends aus dem Irak, aus Syrien, aus Afghanistan, aus Somalia, aus Eritrea ...

Aber Frau Merkel hat gestern noch geschrieben in der FAZ, sie säßen jetzt doch in Elmau zusammen, um den Hunger in der schlimmsten Form bis zum Jahr 2030 von der Erde zu verbannen. Das wäre schön. Doch die Frage lautet: Wie soll das sein, wenn wir die besten Mittel, die wir dazu hätten, verschwenden nur für die endlose Todespraxis der tradierten politischen Vorstellungen von Größe und einem fehlgeleiteten Begriff von Verantwortung?

Gebraucht würden gewaltige Mittel, weiß Gott, im Kampf gegen den Hunger, zum Aufbau von Staaten, die am Rande des Ruins zusammenbrechen. Wir aber sind nicht einmal imstande, die Flüchtlinge so aufzunehmen, dass ihr Überleben einigermaßen gesichert ist. Wir sind weltweit selbst in der UNO außerstande, bei Katastrophen wie dem Erdbeben in Nepal oder bei einem Tsunami aus den Tiefen des Pazifiks, wie damals in Borneo 2004, irgendetwas an Hilfsmitteln vorzuhalten. Was wir brauchten, wäre ein Reservefonds, sagen wir zwischen 5 bis 10 Milliarden Dollar, nebst dem entsprechenden technischen Gerät: Hubschrauber, Geländewagen, Rettungsboote, Hospitalschiffe, um einsatzbereit innerhalb von 24 Stunden da, wo die Hilfe am dringlichsten ist, bereitstehen zu können. So aber handeln wir nie, wenn es um Menschenleben geht, sofort hingegen, wenn es um Militär in der Absicht, effizient zu töten, geht.

Dieses Ungleichgewicht von Katastrophenverhütung und Kriegsvorbereitung ist eine solche Barbarei, dass man in der Tat nur denken kann, die Gesinnung der christlichen Friedensbotschaft sei das Einzige, was inmitten dieser Welt sich verantworten lasse, und keinerlei Zweideutigkeiten sollten uns dabei in die Irre führen. Sagen wir es noch einmal: Verantwortbar ist einzig der Friede, und unverantwortlich allein schon ist die Vorbereitung von Krieg in der ständigen Spirale von Rüstung, Waffenexport, Kriseneskalation, organisierter Gewalt und neuerlicher Rüstung. Für das Militär kassieren wir zwangsweise Steuern von jedem Bürger des Landes; birst ein Vulkan oder bricht eine Hungersnot aus, appellieren die uns Regierenden an die freiwillige Hilfsbereitschaft

Einzelner und richten Spendenkonten bei den Banken ein. Gewiss, viele Einzelne tun, was sie können; doch gerade diese sind nicht länger willens, sich an der Nase herumführen zu lassen. Für diese falsche Militärpolitik sterben jedes Jahr mehr als 20 Millionen Menschen allein an Hunger auf diesem Planeten, nur infolge bereits der bloßen permanenten Kriegsvorbereitungen.

Doch gegen solche Überlegungen steht *ein* Argument: Wenn wir reden von Abrüstung, müssten wir natürlich verzichten auf die riesigen Gewinne, die wir bei der Rüstungsindustrie einstreichen. An dritter Stelle standen wir, die Deutschen, vor Kurzem noch beim Waffenexport weltweit; überholt jetzt von China, stehen wir nunmehr an vierter Stelle, aber immer noch finden wir uns gut als Exportweltmeister. Selbst vor Frankreich und Großbritannien ist Deutschland groß im Rüstungsexport; das Deutschland der Pastorentochter Merkel schickt Panzer nach Saudi-Arabien, das gerade Krieg im Jemen führt und den IS gegen Assad in Syrien aufrüstet. Frau von der Leyen braucht alte und neue Panzer gegen Russland, zu stationieren am besten im Baltikum und in der Ukraine, heißt es doch: Putin bedroht uns. Die Wahrheit ist: Nicht ein Zehntel von dem, was Amerika ausgibt für Rüstung, verplempert Russland. Aber die Gefahr, sagen uns die Qualitätsmedien, geht aus von Putin, nicht von unseren Freunden, den USA, die ihre Hegemonialansprüche über den ganzen Globus legen und deren Ostausdehnung der Nato die meisten derzeitigen Probleme allererst geschaffen hat. Die Nato sitzt inzwischen auf dem Balkan und im Baltikum, sie gibt sich unabkömmlich in Afghanistan, sie hält die Lufthoheit in Zentralasien, sie verfügt über Stützpunkte in Tadschikistan, in Usbekistan, in Kirgistan, in Kasachstan, sie stand hinter dem Krieg in Georgien, sie okkupierte, wenn sie könnte, am liebsten gleich die Schwarzmeerküste – aber das alles, erklärt man uns, sind keine Gefahren. Man stationiert Raketen in Polen und in Tschechien, angeblich gegen Raketen aus dem Iran, und man erwartet, dass Russland seiner Einkreisung, Auflösung und Entmachtung tatenlos zusieht. Wieder eskalieren die Rüstungsausgaben zum Zwecke militärischer Machtdemonstrationen, begleitet von martialischen Redensarten.

Auf diese Art ist Frieden nicht zu machen, so viel sollte feststehen, und wer daran noch politisch zweifelt, der kann auf jeden Fall sehen, dass dieses ganze Denken im Sinne des Namens Jesu nicht gerechtfertigt ist. Alle Weltmachtträume bedeuten für den Mann aus Nazareth eine teuflische Versuchung.

Krieg diskreditiert die Ziele, für die er geführt wird

Aber in der Botschaft Jesu geht es noch einen ent-
scheidenden Schritt weiter: Es geht um die Auflösung
der Grundvorstellung, mit den Mitteln des Krieges
Moral verteidigen und Recht durchsetzen zu können
und zu müssen. Schon im Privatleben, aber erst recht
in der Politik ist Frieden nur möglich, wenn man die
Kontroverse um Gut und Böse von der moralischen
Rechthaberei überführt in ein wechselseitiges Verstehen. Vielleicht der am meisten schockierende Satz aus
dem Munde Jesu zum Thema Krieg und Frieden lautet, adressiert an Petrus: »Steck das Schwert dahin,
wohin es gehört, denn wer zum Schwerte greift,
kommt durch das Schwert um« (Matthäus 26, 52).
Schon allein von diesem Satz meinte Tertullian um
200 n. Chr., damit habe Jesus jedem Soldaten den Kop-
pel abgeschnallt. Nur, wie dann? Jesus zögert nicht, in
der Bergpredigt zu sagen: »Wer dich auf die rechte
Wange schlägt, dem halte auch die linke hin« (Matthäus 5, 39). »Überwinde das Böse durch das Gute«,
wird Paulus daraus lernen (Römer 12, 21). Alles, was
wir Krieg nennen, soll sich nach der derzeit wieder
eingeführten politischen Korrektheit in Gegensatz
dazu verantworten, indem wir gegen das Böse, wie wir
es vermeinen, wieder Böses setzen. Wir müssen also,

um das Böse zu bekämpfen, für die richtigen Ziele, die wir vertreten, erst einmal lernen, all das Böse noch besser zu tun, als wir es dem Gegner zutrauen. Jeder Krieg aber diskreditiert im Einsatz seiner Mittel die Zwecke, die er vorgibt zu verteidigen. An dieser Stelle unterscheidet sich die Botschaft Jesu wohl am meisten von dem üblichen Denken; hier liegt ganz offensichtlich die entscheidende Weichenstellung für den Weg in den Krieg oder den Frieden vor. Sehen wir genauer hin, was da gemeint ist.

Erasmus von Rotterdam um 1520 in der *Querela pacis* konnte einmal sagen: »Wenn es Krieg gibt, wird keine der beiden sich bekämpfenden Parteien daran glauben, dass ihre Sache unrecht sei.« Krieg entsteht, weil man am Verhandlungstisch über Gut und Böse sich nicht hat verständigen *können*. Wie im Duell überlässt man am Ende dann dem stärksten und effizientesten Mörder die Rechtsprechung auf dem Schlachtfeld und vermeintlich auch der menschlichen Geschichte. Er, der Gewinner der Schlacht, hat recht gehabt, so glaubt man, denn er ist jetzt in einer Position, aus der heraus er dem Besiegten seine eigenen Gesetze diktieren kann. Doch Macht und Gewalt begründen das gerade Gegenteil von Recht. In Wirklichkeit ist der sogenannte Sieger nur schlimmer, nur unmenschlicher geworden, als er jemals zuvor war. In der mythischen Sprache der Bibel geredet: Wir meinen, den Teufel zu bekämpfen, und merken dabei nicht, wie wir selbst zu Teufeln werden; wir wollen die Hölle besiegen und verwandeln dabei die ganze Welt in ein Inferno.

Vom Hinhalten der linken Wange

Umso wichtiger der Gegenvorschlag Jesu, auf Gewalt *nicht* mit Gegengewalt zu antworten, sondern die andere Wange hinzuhalten. – »Das kann ich nicht«, wird mancher sagen, doch in Wahrheit liegt, was Jesus meint, gar nicht so fern; vorausgesetzt freilich ist eine gewisse Form von Ich-Stärke und innerer Freiheit, wie sie Jesus als Haltung des Vertrauens im Gegenüber Gottes einfach als gegeben annimmt.

Nehmen wir rein psychologisch einmal, um das Gemeinte zu verdeutlichen, eine Auseinandersetzung auch nur von zwei Menschen. Geschlagenwerden zu Unrecht auf die rechte Wange bedeutet vonseiten des Gegners, mit der linken einer Attacke ausgesetzt zu sein, und zwar, wie der Getroffene meint, gegen jedes Recht. Es handelt sich in seinen Augen um eine Misshandlung, die er nicht verdient hat. Wie kannst du darauf antworten?, scheint Jesus zu fragen. Du kannst zurückschlagen, sicher. Du kannst zeigen, wer der Stärkere am Ort ist; doch dann wird der andere, dein vermeintlicher Gegner, lediglich begreifen, dass er noch nicht stark genug war, um sich gegen dich durchzusetzen.

Das ist im Übrigen genau die Lektion, mit der wir den Weg von jenem kleinen Kind in Braunau am Inn zu dem Mann auf dem Obersalzberg ganz gut erklären können. Es wird überliefert, dass, wenn sein Vater ihn schlug, Adolf Hitler sich daran erinnerte, wie Indianer am Marterpfahl ihre Qualen tapfer aushielten, und dass er laut die Zahl der Schläge mitzählte: acht, zehn, zwölf …; mit zusammengebissenen Zähnen gab er zu verstehen, dass sein Vater jetzt wohl noch stärker ist als er, aber wehe: Das wird sich ändern! »Ich bin Nationalsozialist und als solcher gewohnt zurückzuschlagen«, wird er dem deutschen Volk erklären, und es scheint ganz normal.

Jeder Unterlegene unter dem Diktat der Gewalt wird sinnen auf den Moment der Revanche, da er es dem Angreifer heimzahlt. Und so dreht sich die Blutmühle der menschlichen Geschichte endlos weiter. Was im Gegensatz dazu wäre denn, scheint Jesus aber zu fragen, du ließest quasi therapeutisch den Schlag sich noch einmal wiederholen, und zwar jetzt mit rechts! Links steht für das Unbewusste, rechts für das Bewusste, Absichtsvolle. Du ließest den anderen also seine eigene aggressive Attacke bewusst ausführen, das heißt, du kämst mit dem andern ins Gespräch darüber, wieso er meinte, dir eine solche Misshandlung zufügen zu müssen. Der andere glaubte wohl wirklich, du hättest eine solche Behandlung verdient, und man kann jetzt sogar begreifen, warum: Er sah in dir vielleicht jemand ganz anderen. Er übertrug vielleicht das Bild seines Vaters, seines Bruders oder jemandes sonst auf dich; er rächte sich für etwas, was du tatsächlich nicht verdient hast; aber vor seinen Augen vertauschten sich die Bilder. Gerade das kann er, kannst du aber nur merken, wenn du es mit ihm durcharbeitest. – Von einem griechischen Philosophen berichtet Plutarch einmal, er sei von einem Bösewicht mit einem Eimer Wasser übergossen worden, und seine Freunde hätten ihm geraten, seinem Gegner ein Gleiches zu tun; er aber habe geantwortet: »Wozu? Nicht mich hat er ja übergossen, sondern den, für den er mich gehalten hat.« Wenn Sie erst einmal wissen, wer Sie sind, können Sie relativ ruhig sich für die Verwirrungen in der Aggression anderer interessieren.

Genauso wie im Modell einer solchen Zweierbeziehung wäre es möglich, dass wir zwischen den Staaten in ein solch klärendes Gespräch über die Gründe der gegnerischen Aggression einträten. Was sind die Gründe des Zerwürfnisses, des abgründigen Misstrauens, der aufgestauten Feindschaft oder auch der unausgewogenen Interessen, die den Konflikt bedingen? Wichtig ist, dass wir in solchen Verhandlungen

Gleichbehandlung pflegen würden, dass wir Respekt voreinander behielten und die Neigung zur Gewalt bereit wären zurückzuführen auf Bedürfnisse, die wir gegenüber dem anderen jeweils besser artikulieren müssten. Es ist, wie Egon Bahr einmal gesagt hat: »Diplomatie ist die Kunst, dem anderen Wahrheiten, die er nicht hören will, so zu sagen, dass er sie versteht.« Alle Gewalt demgegenüber ist nur der Ersatz eines wirklichen Gesprächs im Ringen um ein wechselseitiges Verstehen der Anliegen des anderen; und da kann es nicht länger mehr eine Entschuldigung bilden, dass die Menschen die Keule vielleicht 200 000 Jahre früher erfunden haben als die Sprache. Miteinander zu reden ist die einzige Alternative zur Geheimdiplomatie, zum Ausspionieren, zur Überlistung des anderen, zu einschüchternden Drohgebärden, zur Eskalation von Feindschaft, Furchtsamkeit und Hass. Miteinander zu sprechen ist der einzige Ersatz für die Bereitschaft, weiter Machtinteressen mit Gewalt auszuleben. Dann kann ein politisch erfahrener Mann wie Helmut Schmidt zum Beispiel zur Ukraine-Krise sagen, nach seiner Meinung werde Putin nicht wirklich ernst genommen. Mit diesen Worten drückt er das Problem der gegenwärtigen Konfrontation rein psychologisch aus, und schon da mag er in gewissem Sinne recht haben; das wirkliche Problem aber ist derzeit der Hochmut einer ganzen Staatengemeinschaft, die sich einbildet, im Recht zu sein, die Gerechtigkeit zu verwalten, die Menschenrechte zu hüten und sie dem Rest der Welt im neokolonialen Stil vorschreiben zu müssen und zu können.

Der moralische Bellizismus

Immer wieder und derzeit vermehrt sogar führen wir Kriege mit moralischem Anspruch. Selbst eine Partei, die einmal pazifistisch war, die Grünen, ist heute moralbellizistisch. Der Krieg gegen Libyen zum Beispiel wurde propagiert von den Grünen mit dem Argument, es sei nötig, den Diktator Gaddafi zu stürzen. Dass es der libyschen Bevölkerung unter dem Diktator Gaddafi sehr viel besser ging als heute, hätte man wissen können von vornherein schon, genauso wie man hätte wissen können, wie es dem Irak gehen würde, wenn es in dem Flickenstaat aus der Kolonialherrschaft der Briten, zusammengestückelt aus Kurden, Sunniten und Schiiten, keine Zentraldiktatur mehr gibt.

Der Irak war übrigens ein relativ moderner Staat, in dem Bildung für Frauen, medizinische Versorgung für alle, Toleranz gegenüber Christen gut geregelt waren, ehe die USA 1991 und 2003 in zwei Kriegen und dazwischen in einer 12-jährigen Embargopolitik das Land zwischen Euphrat und Tigris ins Chaos stürzen und etwa eine Million Menschen in den Tod treiben mussten, angeblich um die Demokratie dort einzuführen.

Auch das konnte Helmut Schmidt vor dreißig Jahren schon sagen: Man kann die Welt nicht ordnen einfach nach den Regeln der *Westminster Democracy*. Dafür sind die Kulturen und die geschichtlichen Verhältnisse zu differenziert. Man kann hinzufügen: Und wir sind nicht der Nabel der Welt, um nach unsrem Maßstab zu beurteilen, was auf Erden Gut und Böse ist.

Damit aber berühren wir ein Problem, das auf die höchst ambivalente und gefährliche Wirkung moralischer (Vor)urteile im Rahmen künstlich geschürter Kriegsbereitschaft hindeutet. Das Paradox besteht, dass Krieg nicht aus sadistischen Triebneigungen und einfacher Bosheit entsteht, sondern dass er zu seiner Motivation moralischer Zielsetzungen bedarf, – Krieg saugt das Beste aus den Werten der Kultur heraus, um sie in das Schlimmste zu verwandeln. Im Vorlauf als Kriegspropaganda steht stets die moralische Polarisierung in Gut und Böse, wobei natürlich wir die Guten, unsere Gegner die Bösen sind.

Wie so etwas funktioniert und was es mit den Menschen macht, konnte vor Jahren ein amerikanischer Sozialpsychologe, Philip G. Zimbardo, empirisch untersuchen. Er wollte wissen, was aus Menschen wird, denen man Gut und Böse als Hauptunterscheidungsmerkmal beim Umgang miteinander aufoktroyiert. Er ging dabei so vor: Frei nach dem Zufallsprinzip wurde für die Besatzung eines Gefängnisses eine gewisse Zahl von Aufsehern, eine gewisse Zahl von Insassen ausgewählt, und die Zuordnung beider bestand darin, dass die Wachmannschaft die Insassen, die straffällig Gewordenen, unter Kontrolle halten sollte, während Letztere den Anweisungen jener Folge zu leisten hatten.

Alle Beteiligten wussten, dass weder die Mitglieder der einen noch die der anderen Gruppe irgendeinen moralischen Vorteil voreinander besaßen; der Zufallsgenerator hatte sie zusammengewürfelt. Aber wie Psychologen so sind, sie wollten herausfinden, was aus dem Wahn wird, selbst zwar nicht an sich schon der Bessere zu sein, aber doch einstehen zu müssen für das Gute, sodass gilt: Selbst wenn die anderen nur das Böse *spielen*, müssen wir sie behandeln wie Böse; das ist die Regel! Was die Psychologen nicht ahnten, war, dass ganze drei Tage nötig waren, um das Experiment aus dem Ruder laufen zu lassen. Vier simple Regeln sollten eingehalten werden: Abends ab zehn hält jeder seinen Mund, 24 Stunden am Tag wird die entsprechende Kleidung für Wachmannschaft/Häftlinge getragen; was auf dem Tisch steht, wird gegessen, wie für kleine Kinder; und: Gewalt wird nicht angewandt.

Sie müssten von Psychologie vielleicht wirklich nicht ganz viel verstehen, um zu mutmaßen, das Experiment hätte nach 14 Tagen enden können und jeder hätte hernach ein paar Hundert Dollar als Prämie abgeholt; später hätten sie sich dann alle Jahre wiedergetroffen bei Skat und bei Coca oder bei härteren Getränken, um ihre Erinnerungen zu pflegen. Die Wirklichkeit indessen war, dass kleine Anlässe die Trennung von Gut und Böse zum Extrem eskalieren ließen. »Was auf den Tisch kommt, wird gegessen.« Da war jemand mit einer Milchallergie, er litt unter Laktoseunverträglichkeit, er konnte den Nachtisch nicht essen. »Was auf dem Tisch steht, wird gegessen!« Jemand anders sagte: »Ich fress den Pamps schon, reg dich ab.« – Nein, er hat zu essen! Er erbricht die Nachspeise. »Leck es vom Boden! Hier herrscht Ordnung, wir sind in Amerika!« – Der Hass auf beiden Seiten staut sich, und die Wachmannschaft merkt, dass die ihr Unterworfenen alles andere als bester Laune sind. Einmal bemerkt jemand von den Häftlingen: »Sir, es gibt seit, ich schätze, etwa 2000 Jahren, seit den alten Ägyptern, die Möglichkeit, Fette zu verestern und daraus Seife zur Reinigung zu gewinnen. Ich wollte vorschlagen, daraus Nutzen zu ziehen, mit einem Wort, Sie stinken.« Die Wachmannschaft versammelt sich, fesselt den Aufrührer mit den frechen Bemerkungen und uriniert über ihn. Aber man versichert sich: Das ist keine Gewalt! Es ist eine reine Disziplinarmaßnahme. Am objektiv schlimmsten verhielten sich nach wenigen Tagen der Polarisierung in Gut und Böse die Repräsentanten des Guten: Sie waren verpflichtet, die Ordnung aufrechtzuerhalten, sie durften keine Ordnungswidrigkeit dulden, sie mussten die Neigung zu Aufruhr und Rebellion im Keim ersticken. Rücksicht und Verständnis spielten dabei pflicht- und routinemäßig keine Rolle.

Um die Sache abzukürzen: Als die Folterpraktiken von Abu Ghraib schließlich bekannt wurden, konnte Zimbardo nur sagen: »Das habe ich doch schon zwanzig Jahre zuvor beschrieben.« Was glaubt ihr denn, was aus 18-Jährigen, aus 20-Jährigen wird, wenn man ihnen sagt: Das ist das absolut Böse! Du musst diesen arabischen Häftling als Terrorverdächtigen auf der Folter zum Quieken bringen, du musst ihn weichquälen, nur so rettest du amerikanisches Leben? Jede Grausamkeit ist unter solcher Belehrung richtig, verantwortlich und human. Dann bist du der Retter, der Held, dann hast du einen alles rechtfertigenden Auftrag. Was glaubt ihr, dass aus 18- und 20-Jährigen wird, wenn man sie in einen solchen Abwehrkampf gegen das inkarnierte Böse schickt?

Am Ende war eine Soldatin wie Lindsay England natürlich eine Folterhexe, aber die Herren, die sie nach Abu Ghraib befohlen hatten, sitzen heute noch in Ehre und Würden. George W. Bush etwa, las ich auf der Fahrt hierher im Zug, ist inzwischen in der US-amerikanischen Öffentlichkeit dank seiner Großtaten im Irak und im ganzen Nahen Osten und trotz der Höchstverschuldung des gesamten Haushaltes beliebter als Barack Obama. Groß zu nennen ist demnach George W. Bush, anders als dieser offenbare Schwächling, sein Nachfolger, der keine *boots on the grounds* kriegt, der keine Kampfeinsätze am Boden gegen den IS befiehlt. In Gottes eigenem Land, in den USA, scheint, wenn es so steht, vom Christentum, von dem ständig die Rede geht, in der Realität kaum etwas angekommen. Wir sollten uns aus der Umklammerung dieses Denkens und der damit einhergehenden Bündnisverpflichtungen lösen. Denn: Es lässt sich daraus etwas Wichtiges lernen.

Würden wir überwinden die Schablone von Gut und Böse und gingen dem nach, was ein anderer meint und möchte, und gingen wir ein auf seine Bedürfnisse, in entsprechend respektvollen Verhandlungen, so wäre der Frieden keine ferne Utopie mehr. Um es klar zu sagen: Der Friede ist kein frommer Wunsch, er ist, wie Immanuel Kant meinte, ein unbedingter Auftrag; alles andere, moralisch wie religiös wie menschlich, ist die krasseste Form von Verbrechen, die denkbar ist, ist die ärgste Form von Terrorismus, vollbracht von Staaten, die das Monopol der Gewalt für sich beanspruchen und sich als Hüter von Recht und Ordnung gerieren. Wir geben vor, den Terrorismus zu bekämpfen, doch das ist absurd. Terrorismus ist kein Gegner, er ist eine Form des Kampfes in asymmetrischer Kriegführung; und am einfachsten und richtigsten ist es zu sagen: Terror ist der Krieg der Schwachen, Krieg aber ist der Terror der Starken. Das Ende des Antiterrorkriegs ist gegeben, wenn der Starke ein für alle Mal auf den Einsatz von Gewalt verzichtet – die Vision des Sacharja, die Lebensform des Christus.

Die Überwindung der Angst

Allerdings bräuchten wir, um so handeln zu können, wie es in christlicher Absicht geboten ist – gesprächsbereit selbst unter Druck und Angst, unter Einschüchterung und Gewalt –, eine Standfestigkeit als Person, wie Jesus kraft des Vertrauens sie in seiner Botschaft vom Frieden voraussetzt. Dazu gehört die Überwindung der eigenen Todesangst, die zur Selbstrettung den anderen als Todesgefahr auszuschalten sucht, – ein endloses Du oder Ich, wie es auf jedem Kasernenhof trainiert und auf jedem Schlachtfeld exekutiert wird. Unter den Augen Gottes gibt es keine Angst, schon gar nicht vor dem Tod. Im Johannesevangelium heißt es einmal: »In der Welt habt ihr

Angst, aber ich habe sie besiegt« (16, 33). Ein wunderbares Wort.

Die Friedensbewegung hat bis heute darin, glaube ich, einen schweren Fehler begangen, dass sie immer wieder um Zulauf geworben hat mit dem Argument der Bedrohung, also der Angst. 1991, als Bush der Ältere den Golfkrieg vom Zaune brach, der über 200 000 Menschen das Leben gekostet hat plus der anschließend ca. einen Million Toten, darf man vermuten, die sterben mussten durch das anschließende Embargo gegen Saddam Hussein – alles Nebenopfer einer sogenannten verantworteten Politik der Humanität –, kamen zusammen auf den deutschen Marktplätzen Tausende von Protestlern, weil sie sich vorstellten, dass in der Auseinandersetzung auch Atomwaffen eingesetzt werden könnten vonseiten der Amerikaner – sie wurden wirklich in den Flugzeugträgern mitgeführt. Man fürchtete ferner, dass ökologische Katastrophen drohen könnten, dass Handelseinbrüche zu befürchten wären ... Angst trieb damals eine Menge von Menschen zusammen. Ebenso rund zwanzig Jahre vorher in Bonn bei der Debatte um die Dislozierung der *Pershing II*. Hunderttausende waren es damals, die auf die Straße gingen, weil bei einem atomaren Schlagabtausch Deutschland natürlich der Austragungsort dieses Wahnsinns gewesen wäre. Zum Pazifismus aber, zur Bereitschaft zum

Frieden, zur Nachfolge Jesu in diesem entscheiden-
den Punkt taugt Angst überhaupt nicht. Mahatma
Gandhi konnte das sagen: »Es hat«, sprach er, »ein
Christentum im Abendland nie gegeben, sonst wären
von dort nicht immer wieder die schlimmsten Kriege
ausgegangen.« Die Bereitschaft zum Krieg verband
er immer wieder mit der Zerspaltenheit der Person
und umgekehrt die Möglichkeit zum Frieden mit der
Treue zu sich selber, mit der Identität im Sein. *Satya-
graha*, dachte er, macht fähig zum Nichtverletzen,
zum *ahimsa*, zur Einhaltung des schönsten Gebots
der Hindus und der Buddhisten. »Ich bin«, konnte
Gandhi deshalb sagen, »Christ und Muslim und Hin-
du, und läse man die Urkunden der Religion eines
anderen Volkes mit den Augen der Gläubigen, so
wüsste ein jeder, dass Gott zu jeder Zeit jedem sagt,
was er zum Leben braucht.«

Aber für eine solche Haltung religiöser und kultureller Toleranz müsste man die Perspektive des anderen einnehmen, um von ihm zu lernen. Auch was Islam ist, müssten wir als Christen für uns selbst lernen,
statt uns als Träger einer absoluten geoffenbarten
Wahrheit vorzukommen, die ihren Glauben im Gefäl-
le technischer Überlegenheit mit militärischen und
wirtschaftlichen Mitteln im Stil eines machtorientier-
ten Kolonialismus zu verbreiten hätten. Nie habe ich
es anders erlebt, als dass in orientalischen Ländern

53

Menschen glücklicher kaum sein konnten, als wenn
sie jemandem begegneten, der auch nur den Spruch
über dem Hoteleingang: Im Namen Allahs, des All-
barmherzigen, so betonte, dass zu vermuten war, er
wäre mit dem 1. Vers der 1. Sure des Korans im Gebet
ganz eins mit denen, die seit Kindertagen es so in sich
aufzunehmen gelernt haben wie wir das Vaterunser.
Der Islam, nebenbei gesagt, könnte ein Angebot zur
dogmatischen Entrümpelung der christlichen Theologie sein. Für einen Muslim sind vor allem die Chris-
tologie und die Trinitätslehre so etwas wie ein Teil der
1000 Namen Allahs, Begriffe und Worte, die wir brauchen, um von Gott zu reden, die wir aber niemals mit
Gott selbst verwechseln dürften. Mohammed wollte
die Religion der »Schriftbesitzer« von ihren mythischen Vorstellungen und metaphysischen Festlegun-
gen reinigen, um einen Gottesbezug zu ermöglichen,
der ganz und gar prophetisch, innerlich und mystisch
ist. Wir brauchen hier nicht zu erörtern, was daraus
geworden ist; klar ist, dass darin die Chance liegt,
Menschen zu werden, die es sich selbstbewusst und
frei erlauben, religiös wie gesellschaftlich selbst zu
denken, selbst zu fühlen, selbst zu leben.

Vom soldatischen Gehorsam

Und eben damit kommen wir zu einer der wichtigsten Voraussetzungen, um Menschen als Soldaten zum Kriegführen fähig zu machen, das ist die Umerziehung zu funktionierenden Rädchen in der Maschinerie des Todes in dem Begriff des Gehorsams. Er ist es, auf dem alles Militär basiert, zu betrachten an jedem Standort seiner Exerzierplätze. Kein Militär, in dem nicht jungen Menschen beigebracht wird, dass Gehorsam identisch sei mit Tugend, mit Ehre, mit Treue. Die SS der Nazis konnte so denken, die Fremdenlegion der Franzosen spricht heute noch so: Treue ist unsere Ehre. Und Treue heißt hier: Strammstehen auf Befehl.

Was das bedeutet, hat Stanley Milgram, um zu erklären, wie die Massaker von My Lai im Vietnamkrieg möglich waren, psychologisch untersucht. In seinem Experiment »Abraham« resümiert er schließlich: »Was haben wir gefunden? Nicht Sadismus, nicht Böswilligkeit. Gehorsam!« – Nebenbei gesagt, es waren unsere eigenen Väter, die in den Ersten Weltkrieg gingen, die in den Zweiten Weltkrieg gingen; sie waren keine Verbrecher von Geburt. Eines aber gehörte zu ihnen: Sie mussten gehorchen.

Den gottverdammten Drill zu bedingungslosem Gehorsam erleben Sie bis heute auf jedem Übungsplatz des Militärs. Man kann es Frau von der Leyen nur direkt so sagen, und den Schülern, die sie verführt, muss man es genauso sagen: Was den Rekruten beigebracht wird, ist eine antithetische Parallelkultur zu allem, was Vater und Mutter und Pastor und Lehrer je als Kultur gelehrt haben. »Die Augen geradeaus! Links schwenkt Marsch!« So geht das, damit jeder Gedanke unterm Stahlhelm zwischen den Ohren hinweggepresst wird. Man hat zu hören auf den Drillsergeant im Hintergrund. Das Verfahren ist in seiner Unmenschlichkeit so dramatisch, dass Erich Maria Remarque 1929 sagen konnte: »Wenn das möglich war« – er meinte Verdun und die Schlacht an der Somme, er meinte die zweimal 200 000 Tote in den Schützengräben für eine Frontbewegung um ein paar Kilometer, er meinte den Einsatz von Giftgas, Handgranaten, Panzerketten, er meinte die »Stahlgewitter« der Artillerie –, »dann war alles umsonst, was wir von Platon bis Schopenhauer jemals als menschliche Kultur bezeichnet haben. Irgendein Postbote, nur weil er die richtigen Kokarden trägt, nötigt uns, durch den Morast zu kriechen.« Wie entscheidend dieses Problem ist, gebe ich Ihnen zum Schluss als Finale.

1947 in Nürnberg konnten die amerikanischen Ankläger auf die Dauerausrede der Nazigranden: Befehl ist Befehl, antworten, dass es nicht möglich ist, die eigene Person auszuziehen, um dann in Uniform sich ins Walhall der Geschichte zu begeben. Dies sei ja gerade das Urverbrechen, erklärten sie völlig richtig: die persönliche Verantwortung zu delegieren an die befehlausgebenden hierarchischen Instanzenzüge. »Was seid ihr denn für Menschen, wenn ihr wirklich glaubt, ihr tut das Unerhörte und habt zur Begründung nichts weiter, als dass ihr es tun müsstet, weil ein anderer es geboten hätte?«

So haben die Amerikaner die Deutschen damals verurteilt 1947 – aber gelernt für sich selber haben sie daraus auf der politischen Entscheidungsebene gar nichts, behaupte ich.

Zum Beweis: 1995 auf RTL konnten Sie Günther Jauch sehen, er war da noch Moderator, wie er Major Sweeney, das war der Bomberkommandant am 9. August 1945 über Nagasaki, interviewte. Fünfzig Jahre war das jetzt her, dass mehr als 100 000 Menschen dieser eine Major Sweeney getötet hatte, mehr als Dschingis Khan, mehr als Timur Lenk, mehr als jeder Massenmörder der menschlichen Geschichte. Wie lebt man damit? Das wollte Jauch wissen. – Ich habe im Übrigen als Kind noch gelernt, die Leute von Hiroshima und Nagasaki seien ins Kloster gegangen, um ihre Sünde zu büßen, oder sie wären wahnsinnig geworden, oder sie säßen unheilbar in der Psychiatrie, oder sie hätten sich das Leben genommen; die Wahrheit wollte niemand wissen: Jedes Jahr versammelten sich die Staffelkameraden unter den Flügeln des Bomberflugzeugs über Hiroshima, der *Enola Gay*, das war der Name der Mutter von Major Tibbets, des Bomberkommandanten vom 6. August; sie besoffen sich mit Champagner als *American heroes,* sie hatten alles richtig gemacht. Und so war denn die Antwort von Major Sweeney auf die Frage von Günther Jauch: »Was fragen Sie? Befehl ist Befehl. Jeder Soldat der Welt hätte dasselbe getan. Außerdem, der Scheißkrieg war dann ja wohl zu Ende.«

Der Krieg hätte längst zu Ende sein können, aber man wollte nicht Millionen Dollar ausgegeben haben für eine neue Waffe, ohne dass man sie nicht gleich zweimal, mit Implosions- und mit Explosionstechnik als Zündungsmechanismus, ausprobierte. Einstein konnte bitten, wie er wollte – zumindest eine Demonstration der vernichtenden Bombe zur Warnung hätte man geben können. Nein.

Vielmehr so ging es weiter: Filmaufnahmen vom zerstörten Hiroshima wurden gedreht, nicht um das Grauen ein für alle Mal zu beenden, sondern um beim nächsten Schlag effizienter vorzugehen. Atomare Spaltbomben von Plutionum und Uran hatten ihre physikalische Grenze an der kritischen Masse ihrer Selbstzündung; also brauchte man Wasserstoffbomben, Fusionsbomben, um mit physikalisch unbeschränkter Zerstörungsmacht aufzutrumpfen. Auch das war nicht genug. Die USA – nur sie – entwickelten Neutronenbomben: Die Städte bleiben stehen, und nur die Menschen sterben. Fast ist das in der Tat ein nicht mehr zu steigerndes Bild für die ganze Absurdität und Perversion, mit der wir wie mit Selbstverständlichkeit Kriege vorzubereiten und zu führen Menschen bereit machen. Und wir sollten uns immer noch einlullen lassen in Gehorsam?

Ich entsinne mich eines alten Japaners, der im Fernsehen berichtete, wie er als junger Soldat die Einnahme von Nanking erlebt hat. Sechs Wochen Ausbildung hatten genügt: »Da war eine Mutter mit ihrem Kind auf dem Arm, und ich, wie ich es gelernt hatte, stieß mit dem Bajonett zu wie in eine Melone. In Tokio sprachen sie von einem großen Sieg, dessen Jubel zum Himmel dringt; was aber hatten sie aus mir gemacht?« Wenn militärischer Gehorsam so wirkt, dann ist er mit jeder Humanität, dann ist er mit den Grundlagen von Freiheit und Demokratie prinzipiell unvereinbar. Dann muss man ihn überwinden, um Kriege für alle Zeiten unführbar zu machen.

Eugen Drewermann

Gehorsam gegenüber Gott

Es gibt einen Satz aus dem Munde des ersten der
Schüler Jesu, des Petrus, im 5. Kapitel der Apostelge-
schichte: »Man muss Gott mehr gehorchen als den
Menschen« (Vers 29). Ähnlich konnten schon die
Griechen denken: Bei Sophokles vertritt dieselbe
Ansicht Antigone gegenüber ihrem eigenen Onkel
Kreon; sie wird für diese Einstellung sterben. Aber es
gibt Wahrheiten, die wir uns nicht aus den Herzen
stehlen lassen dürfen. Dieser Mut ist der ganze Glau-
be. Dafür gradezustehen ist alles, was wir besitzen:
»Ich wollte doch nur Frieden«, konnte Carl von Os-
sietzky sagen, völlig zermürbt von den Nazis.

Man sieht: Es ist gewiss gefährlich, für den Frieden
einzutreten, weil das die Machtsäulen der uns Regierenden im Fundament erschüttert, aber die Revolu-
tion, die mit den Worten Jesu seit 2000 Jahren auf ihre
Verwirklichung wartet, ist nicht nur die Antizipation
einer Menschlichkeit, die wir im Herzen ahnen könnten; sie ist, jetzt spreche ich mit Frau Merkel, alterna-
tivlos, will man denn wirklich die Zukunft gewinnen.

Der Krieg ist die Vergangenheit, ist die Ordnung des
alten Menschen, ist das archaische Erbe aus Evolution und Geschichte, der Friede ist die Zukunft, die
Ordnung des neuen Menschen, der Anfang einer Freiheit jenseits der Angst.

60

Endigen möchte ich mit den Worten, die ein deutscher Dichter 1947, lungenkrank in Basel auf den Tod liegend, Wolfgang Borchert, Autor des Hörspiels »Draußen vor der Tür«, der Menschheit als Vermächtnis hinterließ. Sinngemäß schrieb er:

Wenn sie wiederkommen, Mann an der
Werkbank, und dir sagen, du sollst statt
Kochtöpfen und Wasserrohren Kanonen und
Handgranaten ziehen,
Mann an der Werkbank, sag Nein.

Und Mutter in Deutschland, Mutter in der
Ukraine, wenn sie wiederkommen und dir sagen,
du sollst Kinder gebären, Jungens für die
Schützengräben, Mädchen für die Spitäler,
Mutter in Deutschland, Mutter in der Ukraine,
sag Nein.

Mann im Labor, wenn sie wiederkommen und
dir sagen, du sollst den neuen Tod erfinden für
das alte Leben,
Mann im Labor, sag Nein.

Und jetzt, Herr Gauck:

Pfarrer auf der Kanzel, wenn
sie wiederkommen und dir sagen, du sollst den

61

Krieg rechtfertigen und die Waffen segnen.
Pfarrer auf der Kanzel, sag Nein.

Denn wenn ihr nicht Nein sagt, wird das alles
endlos weitergehen.

Ich bin froh, hier zu sein, und danke Ihnen für Ihr
Hiersein.

(*Applaus*)

TEIL 2

Eugen Drewermann
antwortet auf Fragen
aus dem Publikum

DREWERMANN: Am besten, wir sammeln erst einmal alle Fragen und können sie dann zusammenhängend und in Kalkulation der verbleibenden Zeit beantworten.

ZUHÖRERIN: Wenn ich im Kleinen beginnen soll, ich habe im Rahmen einer Gruppe einen Konflikt gehabt mit einer Frau, bei dem ich rechthaberisch war ... Ich weiß gar nicht, wie ich es bei ihr wieder gutkriegen kann. Ich weiß nicht die Worte, sie lehnt mich jetzt ab, und wir gehen uns aus dem Weg, und ich weiß nicht, wie ich es hinkriegen soll.

DREWERMANN: Das ist eine sehr intensive und vertrauensvolle Frage, weil sie so persönlich und konkret ist. In einer Gruppe waren Sie sehr rechthaberisch, und Sie haben dort Ihre Gunst verspielt, und wie Sie den Schaden wieder auffangen können, ist eine Frage, die sicher viele haben.

ZUHÖRER: Dass es oft sowohl in persönlichen wie auch politischen Verhältnissen die Angst ist, die Sie beschrieben haben, die zu diesen gewaltsamen Auseinandersetzungen führt, das ist mir auch bewusst, aber dennoch ... Nehmen wir mal den ersten Krieg, bei dem Joschka Fischer mit seiner Behauptung »Nie wieder Auschwitz« versucht hat, die Deutschen zu überzeugen, wieder in einen Krieg zu ziehen, den Kosovo-Krieg, oder als aktuelles Beispiel die Osteuropäer, die ja die Zeit der Sowjetunion und der Besetzung erlebt haben und die jetzt nach dem Einmarsch in die Ukraine, in einen Teil der Ukraine, Angst haben, dass ihnen das auch wieder passiert. – Ich finde all das nicht so einfach, da so eine Antwort zu geben: Ja, wir sind für den Frieden, lassen wir die Kosovo-Albaner, die geflüchtet sind, alleine? Was sollen wir tun?

DREWERMANN: Ja, wir haben es verstanden. Kosovo, die Ukraine, ich habe noch gedacht, Sie erwähnen jetzt auch den IS im Nahen Osten. Soll da wirklich Nichttun oder Laissez-faire oder Gleichgültigkeit die Lösung sein? Natürlich nicht. Aber wie dann?

ZUHÖRER: Herr Drewermann, sind Sie nicht auch der Meinung, dass es ein kultureller Fortschritt gewesen ist und auch heute noch ist, dass es ein Gewaltmonopol des Staates gibt? Wir erleben ja doch in vielen Ländern gegenwärtig, dass, wo das Gewaltmonopol des Staates zusammengebrochen ist, die Pforten der Hölle sich geöffnet haben. Natürlich ist das staatliche Arrangement immer ein Kompromiss und kein Idealzustand, aber ich glaube gehört zu haben, dass Sie diesem Gewaltmonopol sehr kritisch gegenüberstehen.

DREWERMANN: Das ist ein wichtiges Thema, auch weil Missverständnisse hier leicht möglich sind. Das Gewaltmonopol des Staates – bei dem Zitat von Sigmund Freud habe ich das fast karikierend wiedergegeben – ist, wie Sie sagen, trotz allem ein kultureller Fortschritt. Natürlich. Aber wir sollten dann auch Sigmund Freud verstehen.

ZUHÖRER: Ich habe eine Frage zum Aggressionspotenzial; ich denke, so etwas gibt es in uns allen. Evolution! Es hat sich nicht allzu viel geändert. Ich komme aus dem Wendland – wenn Sie nicht wissen, wo das ist: Gorleben, dann wissen Sie alle, was gemeint ist. Ich habe in den zwölf Jahren, in denen ich dort lebe, im Widerstand, vier Umweltminister erlebt, ich habe Kränkungen über Kränkungen erlebt, und ich habe ganz große Mühe, mit diesen Kränkungen fertigzuwerden und meine Aggression in der richtigen Weise zu steuern. Vielleicht können Sie mir da ein paar Hilfestellungen geben.

DREWERMANN: Also Aggressionspotenzial und vor allem ohnmächtige Wut bei Anliegen, die einem evident erscheinen und die dann doch von der staatlichen Autorität und dem Diktat der Wirtschaft mit Hohn und Spott getreten werden – was ist da zu tun? Das möchte ich auch gerne wissen.

ZUHÖRERIN: Ich habe eine Frage, die eine Verbindung zur Mystik herstellt. Ich wollte Sie gerne fragen: Sie haben gesagt: »… den unbedingten Ernst in den Frieden setzen, damit der Albtraum weicht – die menschliche Seele berühren«, das tun Sie ja unendlich in Ihren Büchern, davon weiß ich zu berichten, Sie haben ja auch die Eselin genannt, auf der Christus reitet. Jetzt frage ich Sie: Wie sehen Sie heute, wo Sie da stehen, in der mystischen Transformationslehre eine Chance, wenn

67

Sie zurückgehen bis Asklepios, was Sie heute wieder erwähnt haben, wenn Sie dieses Schlangenbild des Ouroboros, die Schlange, die sich in den Schwanz beißt, erwähnen? Sie sprechen ja auch von therapeutischen Verfahren. Wie sehen Sie das heute? Wie könnten Sie das übersetzen in eine Sprache, dass die Menschen berührt sind, nicht nur wir, die wir hier sitzen, sondern mehr Menschen, junge Menschen, dass wir nicht zurückweichen von dem, wovon Sie auch als Donnerhall heute gesprochen haben? Wir weichen zurück, denn wir haben ja Angst. Wie ist die Brücke zwischen Angst und Standfestigkeit? Ich suche sie.

DREWERMANN: (*unterbrochen von Applaus*)

ZUHÖRERIN: Herr Drewermann, Sie sprachen von der Angst, und ich gehöre einer Organisation an, *Attac*, und ich mache immer wieder die Erfahrung, dass die Menschen, die man anspricht, nicht viel von solchen Anliegen hören wollen und dass sie einfach nur ihre Ruhe haben wollen. Und inzwischen bin ich für mich persönlich zu der Erkenntnis gekommen, dass unser Leben hier Paradies und Hölle zugleich ist und dass wir hier sind, einfach um das auszuhalten.

DREWERMANN: Ich glaube, wir verstehen alle, wie Sie sich engagieren und darum ringen, nicht enttäuscht zu sein von der Gleichgültigkeit und der Bequemlichkeit der Menschen. Hier, in dieser Runde auf dem Kirchentag, erleben Sie, das darf ich doch versprechen,

68

das Gegenteil: Engagement, Aufmerksamkeit, hohe Motivation; also hier sind Sie unter Ihresgleichen gewissermaßen. So etwas gibt es also auch.

ZUHÖRER: Herr Drewermann, heut in diesem Jahr ist, ich glaube im Februar, Marshall Rosenberg gestorben. Ich habe ihn lange erfahren und erlebt, und er war Spezialist in der Pädagogik, auch den Kindern mit den Giraffen und dem Wolf die Gewaltfreie Kommunikation beizubringen. Ich selber spiele Figurentheater, und ich finde es so wunderbar, wenn man Kindern mit den Figuren die Gewaltfreie Kommunikation beibringen kann. Jetzt aber meine Frage: Dieser Wolf ist offenbar in uns Menschen drin, Marshall hat ja immer gesagt, »der innere Wolf in mir selber«, und für mich entsteht immer wieder die Frage: Wenn man diese Gewaltfreiheit proklamieren möchte, muss man das mit Humor machen. Das gelingt durchaus nicht immer, aber mit den Figuren vielleicht ist es eine Form zu spielen, damit man die Jugend gewinnen kann für diese Form der Gewaltfreiheit.

DREWERMANN: Sehr wahr. Also: Marshall Rosenberg und die Gewaltfreie Kommunikation.

ZUHÖRER: Herr Drewermann, wie sehen Sie die Gefahr durch den Klimawandel, der auf die Menschheit zukommt?

DREWERMANN: Das ist eine sehr drohende Gefahr. Gorleben hatten wir, aber das Problem des Klimawandels gehört unbedingt genauso in den Themenzusammenhang. –

Ich hoffe jetzt mal oder glaube sogar, keine weiteren Fragen mehr zu sehen. Wir könnten daher irgendwie versuchen, Antworten zu formulieren. Fragen können ja niemals falsch sein, Antworten aber gelten alle nur mit beschränkter Haftung – sie sind im besten Falle Anregungen zum Weiterdenken.

Tatsächlich reichen aber die letzte Frage, die vorletzte Frage und die erste einander die Hände, denn ich hatte mir schon beim Zuhören vorgenommen, auf Ihr Problem: »Wie gehe ich in Gruppen mit andern um, wenn ich mich missliebig gemacht habe?«, mit Marshall Rosenbergs Verfahren der Gewaltfreien Kommunikation zu antworten. – Ich glaube, kein Mensch ist einfach so, wie er zu sein scheint. Sie selber sind nicht einfach »aus Laune« rechthaberisch gewesen, sondern es gab in dem Moment der Auseinandersetzung etwas, an das Sie wirklich glaubten. Sie fühlten sich im Recht, Sie fühlten sich aber nicht akzeptiert und damit hilflos, und dann dreht und dreht sich alles um, und am Ende versteht einen niemand mehr. Das Verfahren der Wahl wäre jetzt, erst einmal sich selber, den eigenen Standpunkt zu relativieren, also sich zu sagen: Mir scheint es so; aber warum erscheint es den andern so ganz anders? Wenn man etwas durchsetzen will, wenn man Überzeugungsarbeit leisten will – so wie ich jetzt hier: Wenn ich rede, will ich ja auch Überzeugungsarbeit leisten –, könnte man in solchen Gruppen direktiv nicht weitermachen. Ich könnte in einer offenen Gruppe von Interessenten oder gut Bekannten nicht sagen: »Ich erkläre euch jetzt mal die Welt«, sondern ich würde zuhören, was gesagt wird von den Leuten, die vom Kosovo, von Albanien oder von sonst woher bei uns Asyl suchen. Warum verstehen die eine pazifistische Zielsetzung in der Politik wie in der persönlichen Gesinnung womöglich überhaupt nicht und sehen das alles ganz anders? Das wäre dann als Erstes *mein* Problem.

Und so geht es zu bei der Gewaltfreien Kommunikation: Man versucht, was ein anderer sagt, zurückzuführen auf seine Erfahrungen, seine Ängste, seine Bedürfnisse. Dieses Bedürfnis kann zwischen den Gruppenteilnehmern ganz unterschiedlich sein. Es kann ein Sachbeitrag aus wirklicher Sorge heraus sein, es kann eine Stellungnahme aber auch dem bloßen Geltungswillen entspringen, dem Versuch, sich jetzt mal in bester Pose darzustellen; es kann aber auch sein, dass aus rein privaten Animositäten ein Konflikt entsteht, in den ganz andere Übertragungen sich mischen. Das alles muss man im Einzelnen herausfinden. Das kann man aber nur, wenn man versucht, auf den andern zuzugehen, und sich so weit als möglich zurücknimmt. Es ist jederzeit möglich und fast nor-

mal, dass dem andern die Welt völlig anders vorkommt. Unter Psychologen ist dies eine sehr gepfleg-
te Redewendung: »*Dir* erscheint es so.« Oder: »Das
glaubst *du*«, und je heftiger der andere darauf beharrt,
es sei objektiv so, wie er sagt, wird man immer noch
relativierend sagen: »*Dir* ist das evident«, das heißt,
du brauchst gar keine Gründe mehr für deinen Standpunkt, so klar ist dir das. Nur mir ist das alles noch
nicht so klar. Ich frag mich, wie du das hinkriegst, dass
dir dies und das so unbezweifelbar vorkommt. Mit einem Mal ist man bei dieser Einstellung wirklich im
Gespräch, und man kann vor allem die Hintergründe
des eigenen Standpunkts wechselseitig sich bewusst
machen. – Ich weiß es bei Ihrer persönlichen Frage
jetzt auch nicht besser – was ich jetzt sage, ist eine
Empfehlung, wie ich sie sonst kaum gebe –: Sie müssten vielleicht tatsächlich beim nächsten Mal sagen:
»Ich hab da wahrscheinlich doch zu heftig auf den
Tisch gehauen und mir selbst die Hand dabei verletzt.
Mir tut das leid, ich wollte es so nicht. Aber wir fangen
nochmal an. Das ist nicht ganz einfach, denn was Sie
gesagt haben, glaube ich immer noch nicht. Es sei
denn, Ihr bringt's mir besser bei.« – So ähnlich.

(*Applaus*)

Auch Sie selber kämen in der Bewertung der anderen dann raus aus den Schablonen von Richtig oder
Falsch oder Gut und Böse; solche Begriffe sind in der

Reinheit, mit der man sie gegeneinandersetzt, fast immer irreführend.

Zur Gewaltfreien Kommunikation: Dass man mit Puppen, mit Giraffen und Wölfen, schön spielen kann, ist ganz sicher richtig, es ist allemal besser als die Freude, die man Kindern macht beim Kasperltheater; da wird draufgehauen und das Krokodil natürlich in die Hölle zurückgetrommelt. All das hat ja sogar biblisches Format: Auch der Engel Michael konnte den Teufel aus dem Himmel werfen, nur: Jetzt haben wir die Malaise, jetzt sitzt er hier auf der Erde. Manchmal denke ich, der hätte auch besser oben im Himmel bleiben können, und die Engel hätten sich an Ort und Stelle mit ihm auseinandergesetzt, gewaltfrei, integrativ statt dissoziativ.

Die ausschließende, verstoßende, strafende, hinrichtende Art, mit dem Bösen umzugehen, führt im Grunde zu gar nichts; aber wenn die Bibel sogar meint im letzten Buch, der Geheimen Offenbarung, es handele sich um eine Großtat, verstehe ich Martin Luther, der meinte, es wolle sein Seele sich in dieses Buch nicht schicken, weil es nicht Christum treibe. Mir liegt sehr daran zu sagen, dass, wenn wir meinen, den Teufel zu besiegen, wir selber sehr viel schlimmer werden können als alle Teufel, die es bisher gab. Wir können im Krieg ja nur siegen, wenn wir schrecklicher werden als jeder beliebige Gegner. Das sagte Clausewitz schon vor 200 Jahren: »Jeder Krieg hat die Tendenz, zum Äußersten zu schreiten, es sei denn, es wirkten äußere Faktoren hemmend auf ihn ein, zum Beispiel wirtschaftliche Gründe, politische Verflechtungen.« Sonst geht es in einem Krieg zu wie auf dem Schulhof, wenn zwei Jungs aneinandergeraten; da wird derjenige die ersten unfairen Schläge oder Bisswunden seinem Gegner zufügen, der am schwächsten ist, er wird hoffen auf den *lucky punch*. Das Fatale dabei ist: Der Unterlegene setzt sich damit auch moralisch endgültig ins Unrecht, weil er sogar die Anstandsregeln des Krieges, die Haager Landkriegsordnung oder andere mühsame Völkerrechtsregeln, zerbricht. Das muss er aber tun in seiner Lage. Der Krieg selber ist die ständige Steigerung im Bösen. Auch die Sieger sind eigentlich nach allem, was sie getan haben, moralisch diskreditiert. Es kann ja kein moralischer Vorteil sein, über die am meisten zerstörerischen Waffensysteme zu verfügen. Am Ende dann, wie nach dem Ersten Golfkrieg 1991 sechs Wochen lang zwischen New York City und Los Angeles, muss man die Schuldgefühle der Soldateska mit Konfettiparaden beruhigen, um Leuten das Gewissen rein zu pflegen, die kein reines Gewissen haben können.

Der ehemalige Justizminister der Vereinigten Staaten, Ramsey Clark, hat in einem eigenen Buch die Kriegsverbrechen der amerikanischen Armee damals schon, '91, in aller Form beschrieben. Man tötete gar nicht erst, man bulldozerte die gegenüberliegenden Stellungen einfach zu. Man beerdigte bei lebendigem Leibe. Und die Leute, die das taten auf kilometerlanger Strecke, wurden mit dem *Red Star* ausgezeichnet. So ist Krieg, wenn er geführt wird.

Alles das müssen wir jetzt aber nicht länger mehr erörtern, sondern wir können mit Marshall Rosenberg oder mit Mahatma Gandhi, im letzten sage ich: mit dem Mann aus Nazareth, klar sehen, was passiert, wenn wir dem, der schlagen will oder schon geschlagen hat, die Gelegenheit geben, seine Aggression zu klären. Uns hat er zu Unrecht getroffen, er aber meinte, absolut zu Recht gehandelt zu haben. Darum also geht es: Wieso glaubt er das? Vielleicht verwechselt er uns mit seinem Vater oder mit seiner Mutter oder mit wem auch immer. Er sieht nach unserer Meinung uns selbst überhaupt nicht richtig, aber damit er uns richtiger wahrnimmt, hilft nicht, dass wir zurückdreschen und auf ihn einschlagen, denn dann bestätigen wir nur das, was er immer schon geglaubt hat. Wir müssten im angegebenen Sinne die Aussagen der Bergpredigt von Selbstidentität und Gewaltfreiheit im Sinne der Gewaltfreien Kommunikation zusammenbringen.

Doch das ist alles noch Psychologie und Religion. Jetzt sagen Sie aber, wie soll das denn praktisch werden? Wie geht das politisch? Es gibt, ich zitiere es jetzt, wie Sie es auch meinen, unseren Ex-Außenminister Joschka Fischer: Joschka Fischer konnte '98 den Satz aussprechen, der uns Deutsche endgültig, vor allem die Grünen, auf Kriegskurs gebracht hat. »Ich habe gelernt, dass kein Krieg mehr ausgehen soll von deutschem Boden, ich habe aber auch gelernt: nie wieder Auschwitz.« Also wurde 1999 Belgrad bombardiert von deutschen Geschwadern. Auschwitz wurde angeblich verhindert in Belgrad. Der fünfte Hitler im 20. Jahrhundert hieß Milosevic. Ich kann die Zusammenhänge auf die Schnelle jetzt nur flüchtig kommentieren, und alles, was ich sage, hängt natürlich von Informationen ab, deren Zuverlässigkeit schon wieder strittig sein kann, jedenfalls hier nicht noch gesichert zu werden vermag. Dennoch glaube ich, begründetermaßen behaupten zu können: Es hätte mit Serbien unter Milosevic jede vernünftige Regelung gegeben, wenn Madeleine Albright es nur gewollt hätte. Die Auseinandersetzung begann bereits mit Klaus Kinkel, als er noch Chef des BND war, – später dann wurde er Außenminister. Als BND-Chef ließ er untersuchen, was wird, wenn Tito stirbt und die multiethnische Frage auf dem Balkan eskaliert? An dieser Strategie lag's, dass sein Nachfolger Genscher als Erstes die Kroaten als eigenen Staat anerkannt hat. Man nutzte die ethnischen Gegensätze, um das gesamte exkommunistische Gebiet so zu zerteilen, dass die Südflanke der Nato in Besitz genommen werden konnte. Dass es dann so kam, wie es kam, mit Tausenden von Toten, mit schlimmsten Bürgerkriegsverbrechen, nahm man zumindest billigend in Kauf. Denn: Die Unterschiede zwischen Serben und Kroaten hätte man kennen können. Die Verbrechen der Kroaten wurden aber samt und sonders kleingeschrieben, die Vertreibung von 200 000 Serben aus der Krajina zum Beispiel. Dass Milosevic sie grade im Kosovo ansiedeln ließ, war natürlich Absicht und alles andere als friedensfördernd. Aber zunächst einmal waren es serbische Flüchtlinge. Auf all diese Dinge ging man nicht ein. Man hat in Rambouillet schließlich so verhandelt, dass kein serbischer Ministerpräsident ein solches Abkommen hätte unterschreiben können; es war im Grunde die Auslieferung Serbiens in die Mandatur der Nato, das Ende einer selbstständigen, autonomen Regierung. Und so wollte man's, damit man das Nein hörte und danach Madeleine Albright in ihren Krieg, den sie unbedingt wollte, starten konnte.

Kommen wir zum Kosovo. Es ist, wie Sie wissen, das heilige Land der Serben gewesen – die berühmte Schlacht auf dem Amselfeld –, ich will das alles nicht lange ausführen. Aber was die wenigsten vor Augen haben: Es lebten im Kosovo beim Ausbruch des völkerrechtswidrigen Nato-Krieges ein Zehntel nur an

Serben, zu neunzig Prozent lebten dort Albaner. Bei dem Hass, der sich aufgeladen hatte – welchen Bevölkerungsteil, glauben Sie, hätte man vor wem schützen müssen? Die Albaner hatte man bewaffnet, die UCK war hochgerüstet. Wenn Sie jedoch gerade die UCK eine kriminelle Vereinigung nennen, sind Sie nicht weit von der Wahrheit. Sie bekam das Geld aus dem Drogenhandel und der Prostitution aus dem Hamburger Kiez sowie aus der Geldwäsche in Frankfurt; das alles wurde durchgeschleust mit Wissen der deutschen Regierung. Die jetzt installierte albanische Regierung ist weit entfernt von allen Menschenrechtsstandards, und die wenigen Serben, die noch im Kosovo leben, müssen um ihr Überleben fürchten. Es ist ein permanenter Kriegszustand, der sich nur unter ständiger KFor-Kontrolle im Gleichgewicht hält. Zu alldem hätte es nie kommen sollen. Das Problem verschiebt sich jetzt gerade nach Mazedonien – es geht wieder weiter. Es leben ungefähr zehn Prozent Albaner unter den Mazedonen, aber man kann Großalbanien natürlich auch weiter ausdehnen, man hatte ja Erfolg damit.

Wenn so Politik gemacht wird, will man nicht den Frieden. Das erwünschte Ergebnis ist sonnenklar: Die Nato sitzt jetzt auf dem ganzen Balkan – das hat sie gewollt, sie wollte nicht Auschwitz verhindern. Aber wir, die Deutschen, haben mal wieder die Lüge gefressen:

Wir sind jetzt in Verantwortung, wir müssen intervenieren. Und das tun wir inzwischen fleißig: am Horn von Afrika müssen wir Piraten jagen. Somalia ist ein *failed state*, es ist zusammengebrochen, weil damals Bush der Ältere den Clan-Chef Aidid jagen wollte. Ich kann jetzt endlos so weitermachen.

Ich fasse es besser kurz zusammen: Achten Sie, wenn Sie die Zeitung lesen, auf den Unterschied von Propaganda und Berichterstattung. Es sind heute die Mainstream-Medien, die Qualitätsmedien, es ist die »Zeit«, keine Geringere, die unter Herrn Joffe nahezu jeden Donnerstag dafür plädiert, dass die Deutschen endlich begreifen müssen, dass sie Weltverantwortung haben, das heißt, dass sie Krieg führen müssen.

Die »Zeit«, der »Spiegel«, der »Stern« – das waren einmal liberale Presseorgane; heute ist die mediale Gehirnwäsche eigentlich in diesem Punkte – Krieg als moralische Verpflichtung – total, außer man stemmt sich dagegen und glaubt den ganzen regierungsamtlich verbreiteten Irrsinn nicht.

Was noch einmal die Kosovo-Frage angeht und dann die Auseinandersetzung zwischen Serben und Albanern, so hat Heinz Lokai, Brigadegeneral in Wien, damals gefragt, was eigentlich in Racak passiert ist. Die Gräuel von Racak bildeten den Hauptkriegsgrund, endlich militärisch richtig loszulegen. Ein Kriegsverbrechen der Serben, erklärte man, doch

Heinz Lokai legt die Hand dafür ins Feuer, dass dieses Kriegsverbrechen nicht stattgefunden hat, sondern medial arrangiert wurde, ähnlich dem Hufeisenplan, mit dem Fischer den Deutschen den Krieg erklärte – einen solchen Plan hat es nie gegeben.

Sagen wir es allgemein: Kein Krieg, der nicht beginnt mit Lüge und dem Verrat an der Wahrheit. Und das ist noch das Beste am heutigen Zustand: Die Kriegs-, ich will nicht sagen -bereitschaft, aber -duldung der Deutschen lässt sich nur einholen, wenn man sie kräftig belügt. Aber so ist jeder Krieg. In Vietnam log man den Amerikanern den Tonking-Zwischenfall als Kriegsbegründung vor. Diesen Zwischenfall hat man einzig vom Zaun gebrochen, um endlich Krieg führen zu können. Man hat, wie Sie wissen, 2003 auch die Massenvernichtungswaffen im Irak frech erfunden – alle im Weißen Haus hätten wissen können, dass sie nicht existierten. Jetzt höre ich von Frau Clinton, vielleicht der kommenden Präsidentin in den Staaten, dass sie sich damals, 2003, geirrt habe. Wie ist das möglich? Wir bei der Friedensbewegung konnten wissen, dass es die Massenvernichtungswaffen nicht geben kann, weil zum Beispiel die Sensoren für Wärmeabstrahlung die Anlagen für biologische Waffen allemal hätten erfassen müssen. Wir auf den Marktplätzen wussten das, die Leute in den Staaten, die es wussten, durften es aber nirgendwo in den staatsgelenkten Sendern sagen. George W. Bush erklärte am Ende, er habe den Geheimdienstberichten vertraut; die aber lieferten ihm, was Dick Cheney hören wollte. Und in England unter Blair ging es ganz genauso zu.

Die Folgerung ist wichtig. Wir müssen sagen: Wir lassen uns nicht länger belügen und in eine Pflicht zum Krieg hineintreiben, bloß weil die uns Regierenden aus Machtgründen die Wege, die zum Frieden führen könnten, mit System versperren. Dieser Kreislauf von Propaganda und Bereitschaft zum Krieg aus moralischer Entrüstung ist eigentlich überwindbar, aber dazu brauchten wir eine offene Demokratie statt einer finanzabhängigen, von den Medien gelenkten Plutokratie oder Oligarchie.

(*Applaus*)

Insbesondere sollten wir auch noch sprechen über die Wandlung der Grünen, die mal eine Friedenspartei waren, aber dann, ich drücke mich mal so aus, aus Gier nach der Macht den Hals sich verrenkt haben wie ein Korkenzieher bei der Suche nach dem Branntwein, so sehr, dass mit ihnen Frieden nicht mehr zu haben ist. Die Grünen sind wirklich inzwischen aus moralischer Überzeugung die ärgsten Bellizisten geworden. Denken Sie an Libyen und Syrien.

Wir haben noch andere wichtige Fragen zu erörtern: Was machen wir, wenn Staaten zusammenbrechen? Das weiß, offen gestanden, ich auch nicht. Ich glaube, bei Lichte besehen weiß jeder, dass die heutige Form der Politik an ihr Ende gekommen ist; die Frage ist lediglich, wie lange das noch dauert und wie viele Millionen Tote die Opfer dieser althergebrachten Form militärischer Konfliktlösungen bilden sollen, im Wahn, man könne Richtiges bewirken durch Ausübung von Gewalt und Töten. Das kann man definitiv nicht. Menschen töten erzeugt nie eine akzeptable Form der Menschlichkeit.

Für die erforderliche Änderung der Politik in Fragen von Krieg und Frieden bräuchten wir im Sinne eines neuen Gewaltmonopols als Erstes eine neue Konstruktion der UN. Es ist in der Geschichte offensichtlich immer wieder so, dass es Auseinandersetzungen um Recht und Unrecht gibt, die auf dem Verhandlungswege lokal nicht lösbar sind. Derlei ist im Privaten wohl jedem Vater, jeder Mutter in der Familie schon mal begegnet, ebenso dem Lehrer in der Schule; die ausgebrochenen Konflikte werden dann in aller Regel gelöst durch eine Schiedsinstanz, die eine verbindliche Form des strittigen Interessenausgleichs vornimmt. Der Lehrer auf dem Pausenhof wird sagen: »Ich will jetzt nicht hören, ›Du hast angefangen! Nein, *du* hast angefangen‹, ich will hören, wie ihr jetzt beide damit aufhört. Und wer von euch recht hat, darüber unterhalten wir uns später – vermutlich haben beide von euch auf ihre Weise recht, aber das werden wir später gegeneinander abwägen.«

In diesem Sinne bräuchte man eine übergeordnete internationale Schiedsinstanz, und das könnte unter den gegebenen Verhältnissen eigentlich nur die UNO sein. In ihrer heutigen Konstruktion aber kann sie das, was sie friedenspolitisch ermöglichen müsste, nicht leisten. Der Weltsicherheitsrat insbesondere ist ein Interessenkonstrukt der Siegermächte nach dem Zweiten Weltkrieg. Die westlichen Alliierten und die UdSSR hatten nie die Absicht, zum Frieden hin die Welt zu verwandeln. Tatsächlich aber bräuchten wir eine solche internationale Schiedsinstanz: Auf dem Wege dahin sind wir zweifellos, nur dass der eingeschlagene Weg ein monströser Umweg zu werden scheint. Eigentlich sind wir derzeit dabei, die tradierte Nationalstaaterei im Umgang mit dem Militär abzuschaffen. Selbst Frau von der Leyen will, dass wir eine Europaarmee bekämen, also auf eine Entstaatlichung des Militärs in einer Form von integriertem Bündnissystem zugingen. Freilich, damit sollen lediglich die Wirtschaftsinteressen der EU weltpolitisch beim Zugriff auf Rohstoffe und zur Sicherung der Handelsrouten und Absatzmärkte nachhaltiger durchsetzbar werden, unabhängig auch von den USA; die Rüstungsausgaben können damit immer weiter steigen, und die Zahl der Kriege wird immer weiter wachsen.

Stattdessen bräuchten wir eine Delegation all der lokal unlösbaren Konflikte an ein international wirksames Schiedsgericht, das absolut unabhängig von allen einzelstaatlichen Interessen Recht spricht und als einzige mit militärischer Gewalt ausgestattete Instanz seinen Rechtsspruch durchzusetzen vermag. Dort, nicht mehr im Nationalen, läge das Gewaltmonopol, das Sie dem Einzelstaat zusprechen. Alle Staaten sind entstanden durch Gewalt, als große Räuberbanden, wie Augustinus meinte; doch wenn sie ihr Gewaltmonopol im Inneren nur noch zur Aufrechterhaltung beibehalten, es aber außenpolitisch-militärisch delegieren durch Selbstentmachtung an eine übergeordnete Machtinstanz, würde sich endlich die staatliche Moral an das Niveau der längst erreichten zivilen Moral angleichen. Auf dem Weg dahin müssten also alle Nationen weltweit nicht weiter aufgerüstet, sondern abgerüstet werden. Wir bräuchten kein Militär mehr (*Applaus*), und der erste Schritt dazu wäre der Austritt aus der Nato, die so tut, als wäre sie eine weltweite Friedensarmee. Das ist sie nicht; sie ist absolut interessengelenkt, geostrategisch, ökonomisch, machtpolitisch. Raus aus der Nato. Das wäre die beste Friedenspolitik.

Allerdings, damit rühren wir an den Bestand eines bundesdeutschen Verfassungsorgans. Wer so spricht, gilt als radikal, als gefährlich für die Verfassung. Und wer sagen wollte, wie ich ja gesagt habe: »Soldaten sind Mörder, sie sind fehlerzogen zu einem entmenschlichten Gehorsam, und sie leiden darunter, Dinge tun zu müssen, die gar nicht selbst in ihrem Willen liegen«, kann für solche Äußerungen strafrechtlich verfolgt werden. Tatsächlich heißt es aber im Grundgesetz: Von deutschem Boden soll nie wieder Krieg ausgehen. Diese Bestimmung hat man umgehen zu können gemeint im Kalten Krieg, indem man die Theorie der wechselseitigen Abschreckung entwickelte. Wir werden nur Soldaten, erklärte man, damit wir nie tun müssen, was Soldaten tun. Wir drohen so wirkungsvoll, dass uns keiner angreift. Wir vermeiden den Kriegsfall durch Kriegsbereitschaft. Dieses Konstrukt war auch damals bereits vollkommen unglaubwürdig. Man kann ernsthaft nur drohen, wenn man sich moralisch in den Stand bringt, das Angedrohte gegebenenfalls auch wirklich zu tun. Es gibt kein moralisches Splitting, bei dem man einen Gehorsam schwört, den man im Ernstfall aufzukündigen gedenkt. 1956 bereits erklärte deshalb die Barmer Synode: »Wer A sagt, muss auch B sagen, aber Wehe den Leichtfertigen.« Daraus konnte man ein Plädoyer für Nicht-Aufrüstung und Nicht-Nato-Mitgliedschaft hören – im Widerspruch zum Kurs der Adenauer-Politik und der Einstellung der katholischen Kirche.

Inzwischen funktioniert die Abschreckungskonzeption überhaupt nicht mehr. Nach dem Zusammenbruch des Ostblocks haben wir es nicht mehr mit einem atomaren Schlagabtausch mit Millionen von Toten in der Anfangsphase bereits zu tun, sondern mit Kriegen, die wir uns anscheinend leisten können, weil wir sie asymmetrisch, im Status absoluter Überlegenheit, führen.

'89 bereits habe ich in der »Evangelischen Sonntagszeitung« geschrieben: »Ab sofort werden wir töten müssen«, um zu sagen: »Wir drohen nicht mehr. Die nächsten Konflikte werden von uns als Ernstfall betrachtet werden. Es gibt kein Drohen mehr, schon weil es die ganze Kulisse aus dem Kalten Krieg nicht mehr gibt. Wenn wir jetzt noch die Nato beibehalten, wenn wir sie nicht abschaffen, dann wird der Wille zum Krieg selbst damit gegeben sein, und das bedeutet: der Ernstfall sein. Töten auf Befehl, auch für uns Deutsche, bedeutet: Krieg von deutschem Boden aus.« Und so steht es heute.

Dennoch glaube ich, dass wir irgendwann dahin kommen, eine Art von Rechtsinstanz zu haben, die weltweit in Übereinstimmung mit dem Gewissen der Völker bei lokal nicht lösbaren Konflikten den Schiedsspruch der Ordnung mit verbindlicher Gewalt durchzusetzen vermag. Das wäre die Zukunft, die auf uns wartet. Es müsste diese Instanz aber, noch einmal

gesagt, nicht abhängig sein von bestimmten Nationalinteressen. Dass die USA sich einbilden, diese
Schiedsgerichtsfunktion weltweit ausüben zu können,
diskreditiert sie bei genau diesem Bemühen. Erkenn-
bar setzen sie ihre Nationalinteressen an die Stelle der
Interessen der Menschheit. Sie richten im Übrigen
sich auch nicht nach Beschlüssen in der UN-Vollver-
sammlung. Da können beispielsweise 150 Staaten dafür sein, dass die Palästinenser endlich ihren eigenen
Staat bekommen, doch regelmäßig wird das abgelehnt
von Amerika, Israel und gewissen Kleinstaaten in der
Südsee, die natürlich bestochen sind.

Aus Zeitgründen können wir nur noch kurz auf
zwei Fragen eingehen: auf Brokdorf und die verhalte-
ne Wut, die sich damit verbindet. Ich glaube, es ist
nicht anders möglich, als dass das Gefühl der Hilflosigkeit in gewissem Umfang vorübergehend hinge-
nommen wird. Ich spreche jetzt einmal sehr persönlich: Ich helfe mir damit, dass ich religiös denke und
nicht politisch. Alles, was ich denke, hat politische
Konsequenzen, natürlich, – davon haben wir ja gesprochen. Aber ich denke nicht in Kategorien politi-
scher Effizienz; denn sonst müsste ich Erfolg haben
wollen: Ich müsste *pressure groups* bilden, ich müsste
Einfluss gewinnen, ich müsste Geld akkumulieren;
und das alles will ich überhaupt nicht. Stattdessen se-
he ich auf das Vorbild im Neuen Testament, das lehrt,

geradezustehen für die Wahrheit, die man zu erkennen meint. Das ist das Ende aller Hilflosigkeit. Es konzentriert unser Tun auf das, was stimmt. Was dann daraus wird, liegt womöglich nicht bei uns. Aber es liegt bei uns, für uns selber die Verantwortung zu übernehmen, und das ist eine machtvolle Stimme, die dann vielleicht auch ins Weite vernehmbar sein wird.

Im Übrigen: Frau Merkel hat uns die Asse beschert als Umweltministerin unter Helmut Kohl. Sie sollte als Physikerin wissen, dass Halbwertszeiten von Plutonium, Strontium, Cäsium in geologischen Zeiträumen zu datieren sind, die kein Mensch verantworten kann. Die ganze Atomwirtschaft findet darin ihr Urteil, abgesehen davon, dass die Einnahmen aus der atomaren Stromproduktion selbstredend an die Konzerne gehen, aber zur Entsorgung des radioaktiven Fallouts natürlich die Bürger herangezogen werden, und das auf Tausende von Jahren. Es ist klar: Ein solches Abenteuer hätte nie begonnen werden dürfen. – Jetzt freilich retten wir die Umwelt, jetzt retten wir zumindest das Klima. Aber auch das ist widersinnig. Wir produzieren zum Beispiel viele Millionen Autos, die wir ausgerechnet nach Peking verscherbeln, wo die Luft ohnehin zum Sägen besser ist als zum Atmen. Aber: »Wir *retten* das Klima«. Natürlich tun wir das Gegenteil. Wir lassen uns dabei im Geschäftemachen durchaus nicht behindern. Das einzige Mantra, das wir haben, lautet: Wachstum, und mit Wachstum ist der Ruin all dessen gegeben, was wir heute noch Natur nennen.

Auf der Fahrt hierher erfuhr ich, dass es in Deutschland noch etwa 450 Vogelarten gibt, von denen achtzig vom Aussterben nicht nur bedroht sind, sondern im Begriff stehen auszusterben. Jede fünfte Vogelart! Mit wachsender Tendenz: In zehn Jahren werden es dreißig, vierzig Prozent sein! Noch freuen Sie sich gerade über die wiedergekommenen Schwalben, aber wenn wir sämtliche Feuchtgebiete zubetonieren und -asphaltieren, wo sollen sie dann ihre Nahrung finden? Jedes Schwälbchen braucht 500 Mücken, pro Tag, plus der Jungtiere. Aber Mücken – wer will die schon? Also gibt es bald keine Schwalben mehr. Sollen sie doch in Afrika bleiben, wie die Flüchtlinge: In solchen Kurzschlüssigkeiten bewegt sich alles, was wir in Fragen des Umweltschutzes tun.

Ich kann Sie zusammenfassend nur ermutigen, bei dem zu bleiben, was Sie mal als Kinder gelernt haben in der Bibel: »Herrlichkeit ist Gott in den Himmeln nur dann, wenn Frieden ist auf Erden bei Menschen, die Gnade glauben können.« Der Wille zum Frieden beginnt bei jedem Einzelnen, das stimmt. Aber er bleibt nicht stehen am Gabentisch zu Weihnachten. Es müsste von Weihnachten auf Neujahr in die Ansprachen auch der Pastorentochter Frau Merkel und des Ex-Pastors Herrn Gauck einfließen mit dem klaren Willen: Wir schaffen ab die Voraussetzungen zum Krieg, wir sind nicht länger in der Fügsamkeit von *God's Own Country*, wir bezahlen und finanzieren nicht weiter den Hegemonialanspruch einer einzigen Macht über den Rest der Welt.

Und dann, jenseits von Kriegsbereitschaft und Kriegsvorbereitung, hätten wir in Europa große Möglichkeiten, die wirklichen Ursachen für Kriege aller Art: Ungerechtigkeit, Hunger, Elend, Umweltzerstörung, Überbevölkerung, in vielfältiger Form zu besiegen. Dabei mitzuwirken und Ihr Interesse dabei zu sehen, macht mich einen Moment lang glücklich, obgleich das Wort »Glück« sich nicht leicht einstellt angesichts dieser Zeit.

Sie machen Mut, einfach durch Ihr Dasein, durch Ihr Hiersein; machen Sie so weiter.

Danke schön.

.